GEORG JELLINEK

DIE SOCIALETHISCHE BEDEUTUNG VON RECHT, UNRECHT UND STRAFE

Elibron Classics
www.elibron.com

Elibron Classics series.

ISBN 0-543-97886-9 (paperback)
ISBN 0-543-97885-0 (hardcover)

This Elibron Classics Replica Edition is an unabridged facsimile
of the edition published in 1878 by Alfred Hölder, Wien.

DIE SOCIALETHISCHE BEDEUTUNG VON RECHT, UNRECHT UND STRAFE.

Von

GEORG JELLINEK,

DR. PHIL. ET JUR.

WIEN, 1878.

ALFRED HÖLDER,

K. K. HOF- UND UNIVERSITÄTS - BUCHHÄNDLER,

Rothenthurmstrasse 15.

DIE

SOCIALETHISCHE BEDEUTUNG

VON

RECHT, UNRECHT UND STRAFE.

Von

GEORG JELLINEK,

DR. PHIL. ET JUR.

WIEN, 1878.

ALFRED HÖLDER,

K. K. HOF- UND UNIVERSITÄTS - BUCHHÄNDLER,

Rothenthurmstrasse 15.

Vorwort.

Die Versuche, eine wissenschaftliche Philosophie gegenüber der speculativen zu begründen, haben sich bisher vornehmlich mit den Problemen beschäftigt, welche Mathematik, Naturwissenschaft und Psychologie darbieten. Ethik, Rechts-, Staats- und Gesellschaftslehre, Nationalökonomie, kurz alle jene Disciplinen, welche die Erkenntniss psychischer Massenbewegung und deren Gesetze zum Inhalte haben, harren noch der eingehenden Bearbeitung ihrer Grundfragen von dem neugewonnenen Standpunkte aus. Wie sehr es an der Zeit ist, auch für diese Wissenszweige Gesichtspunkte zu finden, welche dem fortgeschrittenen philosophischen Bewusstsein entsprechen, geht daraus hervor, dass selbst in den Kreisen der Fachmänner das Bedürfniss einer Revision der Grundbegriffe fühlbar wird und zu Untersuchungen philosophischer Art hindrängt.

Die folgende Abhandlung hat vor allem den Zweck, den wissenschaftlichen Begriff des Ethischen festzustellen, um von ihm aus den Ausblick auf die Fundamentalfragen des Rechts zu gewinnen. Sie glaubt, dadurch einen Beitrag zu einer Lösung derselben geliefert zu haben, welche sich in das System einer streng wissenschaftlichen Weltanschauung einreihen lässt. Allerdings konnte, bei dem geringen Umfange dieser Skizze, Vieles, das zu tieferem Eingehen reizte, blos angedeutet werden. Es möge specielleren Arbeiten vorbehalten sein, die leichten Umrisse zu einem Bilde zu gestalten.

Wien, 8. Juni 1878.

Georg Jellinek.

Einleitung.

Die Socialwissenschaft.

Es ist eine alte, oft wiederholte Klage, dass diejenigen Zweige der Wissenschaft, welche in irgend welcher Form die psychische Existenz des Menschen zum Inhalt oder zur Voraussetzung haben, nicht die Fähigkeit besitzen, zu allgemeinen, unbestrittenen Wahrheiten zu gelangen. Während der Forscher im Reiche der Natur bereits zum Propheten geworden ist und den unwandelbaren Gang der Planeten in ferne Jahrtausende voraussagt, während der Giessbach das Geheimniss seines Falles, der Krystall das Wesen seiner Bildung, der Schlag des Herzens die treibenden Kräfte seiner Bewegung dem Auge des Denkers enthüllt haben, zeigt die Denkarbeit auf den Gebieten, wo unser eigenes Sein entweder ausschliesslich oder als Factor in die Rechnung kommt, das unerfreuliche Bild einer ungeheueren Masse mehr oder minder gut beobachteter Thatsachen, und einer fast ebenso unabsehbaren Menge von Meinungen und Ansichten, deren jede das angesammelte Material ausschliesslich und vollständig zu ordnen und zu beherrschen sich berechtigt glaubt. Wie zwei durch den Ocean geschiedene Welten stehen Natur- und Geisteswissenschaften einander gegenüber, ungleich an Sprache, Denkungsart und Regierungsform; dort ein wohlgeordnetes Regiment und gemeinsame Arbeit, welche den Wohlstand des Einzelnen und des Ganzen erhöht, hier eine ununterbrochene Anarchie und ein beständiger Bürgerkrieg zwischen Parteien der verschiedensten Schattirungen, die alle um die Herrschaft streiten. In neuerer Zeit ist eine Schar kühner Männer aus jenem glücklichen Lande über's Meer gezogen, um das von endlosen Kämpfen zerrissene Reich zu erobern und die hadernden Geister an strenge Zucht zu gewöhnen; vereint wenden diese nun zwar ihre Kräfte gegen den waghalsigen Eindringling, allein ihre Waffen sind nicht allzugeschickt gegen das erprobte Schwert des Feindes und unwillig müssen sie einen Landstrich nach dem anderen in seinen Händen lassen.

Einer der Hauptgründe des Widerstandes, welcher dem Eindringen der Methode, die in den Naturwissenschaften so glänzende Resultate geliefert hat, in die andere Abtheilung des Wissens entgegengesetzt wird, liegt in dem tiefen persönlichen Interesse, das dabei bewusst oder unbewusst in's Spiel kommt. Es soll das scharfe, schneidende Messer an unser geistiges und sittliches Sein gelegt, es soll das Wesen und die Berechtigung gesellschaftlicher und staatlicher Institutionen untersucht werden, deren Existenz uns ebenso ursprünglich und nothwendig erscheint, wie die Erscheinungen der uns umgebenden Natur. Ja, es gibt nicht wenige, welche ernstlich fürchten, dass fortgesetzte theoretische Untersuchungen dieser Art endlich praktisch zur Unterwühlung des Fundamentes führen, auf welchem sich das geordnete Leben der Individuen und Völker erhebt. Auf diesem Gebiete der Erkenntniss ist daher weniger wissenschaftliche Voraussetzungslosigkeit zu finden, als in dem anderen; man glaubt wissenschaftliche Grundsätze erfolgreich bekämpft zu haben, wenn man ihre verderblichen praktischen Consequenzen aufdeckt, und Theorien dadurch fest begründen zu können, dass sich aus ihnen bestimmte Sätze und Postulate ableiten lassen, die dem betreffenden Forscher schon vor Beginn der Untersuchung als unerschütterliche persönliche Ueberzeugungen galten. Die *petitio principii* ist das oberste logische Gesetz dieser Art von Wissenschaftlichkeit, die zwar „Aufklärung verlangt, aber zu gleicher Zeit vorschreibt, von welcher Seite sie zu kommen habe".

Es ist daher keineswegs überflüssig, einer Untersuchung, die sich auf dem Gebiete der Geisteswissenschaft bewegt, einen klaren und präcisen Begriff der Wissenschaft und ihrer Ziele vorauszuschicken. Ist dieser aufgestellt, dann wird es möglich, die Wege zu bestimmen, auf welchen Wissen gewonnen wird, diejenigen zu vermeiden, die in's luftige Nichts haltloser Speculation führen.

Wissenschaft ist die Constatirung der Erscheinungen und Zurückführung derselben auf ihre ersten nicht weiter zerlegbaren Elemente. Psychologisch betrachtet, entspringt alles Wissen den beiden Fragen „was?“ und „warum?“, auf welche es die befriedigende Antwort geben soll. Wären alle Objecte analysirt, alles Geschehen auf seine Ursachen zurückgeführt, dann wäre auch das Causalitätsbedürfniss der Menschheit befriedigt und das wissenschaftliche Denken zur Ruhe der vollkommenen Gewissheit gelangt. Allerdings bliebe noch die Frage nach dem Ursprunge des Wissens überhaupt übrig und ebenso der Trieb, die unendliche Mannigfaltigkeit der Einzelerscheinungen zusammenzuknüpfen zu dem Einheitsbilde der Welt. Das philosophische und metaphysische Bedürfniss wird nicht gestillt durch die Lösung, welche die empirische Wissenschaft den Problemen des Denkens gibt. Allein diese ist sich ihrer Schranken wohl bewusst und indem sie sich selbst beschränkt, schreitet sie in ihrer Bornirtheit nur um so sicherer vorwärts. Sie will die Welt nur insoferne erfassen, als diese Gegenstand der Erfahrung ist und nur insoweit, als sie ihre Ergebnisse an dem Probirstein der Erfahrung prüfen kann. An den Grenzen derselben macht sie bescheiden Halt, denn sie weiss sehr gut, dass das Bestreben, den Kreis der Erfahrung zu überschreiten, obwohl es einem der tiefsten Triebe des Menschengeistes entspringt, doch noch nicht einmal seine Berechtigung dargethan hat und die lange Reihe todter philosophischer Systeme, welche den Ikarusflug in den leeren Raum des aprioristischen Denkens unternommen haben, lassen sie solchem Beginnen mit weiser Mässigung entsagen. Sie weist hingegen auch energisch jeden Versuch zurück, sich in ihrem Gange durch Principien beherrschen zu lassen, die nicht ihrem Boden entsprossen sind, und deren Werth sie nicht geprüft hat.

Mit diesen Grundsätzen hat die Naturforschung seit

geraumer Zeit unverlierbare Besitzthümer angesammelt und täglich sehen wir sie an der Hand der eben erwähnten Principien neue Höhen ersteigen, die unserem Blicke ungeahnte Aussichten eröffnen.

Nicht so die Wissenschaft, welche unser psychisches und sociales Leben erforschen will. Woher der Unterschied in den Resultaten beider Wissenszweige?

Es ist eine der geistreichsten und mit gewissen Einschränkungen richtigsten Ideen Auguste Comte's [1]), in der Geschichte der meisten Disciplinen drei historisch auf einander folgende Epochen zu unterscheiden. In der ersten, der theologischen, werden unmittelbar persönliche, willkürliche, darum unberechenbare Mächte als die bewegenden Momente der Dinge erfasst; in der zweiten, der metaphysischen, treten abstracte Wahrheiten, hypostasirte Begriffe, die zwischen Persönlichkeit und Unpersönlichkeit hin- und herschwanken, an deren Stelle; in der dritten endlich, der positiven, sucht man an der Kette des Causalitätsgesetzes vorwärtsschreitend zu den realen Ursachen der Erscheinungen zu gelangen. Zu wirklichen, klaren, unumstösslichen Gesetzen kann eine Wissenschaft nur dann kommen, wenn sie in das Mannesalter, die dritte Stufe, eingetreten ist.

Das ist nun mit der grössten Anzahl der Naturwissenschaften der Fall. Sie haben es längst aufgegeben, die Veränderungen der Materie dem unmittelbaren Eingreifen einer oder mehrerer Gottheiten zuzuschreiben, und es sind nicht mehr abstracte, über den Dingen schwebende Begriffe, *qualitates occultae*, aus denen sie die Erscheinungen zu erklären suchen. Anders die sogenannten Geisteswissenschaften. Noch immer gibt es eine Anzahl Systeme, welche in jedem Acte eines historischen oder socialen Geschehens die Einwirkung einer höheren Macht erblicken, die aus dem Unbegreiflichen und Unerkennbarsten das Einfachste und Greifbarste abzuleiten versuchen und, um mit Schopenhauer zu sprechen, die neuesten Nachrichten über das Verhältniss Gottes zur Welt bringen.

---

[1]) An seinen Namen wird die „*loi des trois états*" wohl stets geknüpft bleiben, trotzdem der Grundgedanke derselben schon bei Turgot und St. Simon nachgewiesen worden ist.

Je mehr sich nun die tieferen und ernsteren Forscher von theologischen und theosophischen Speculationen frei zu halten bestrebt sind, desto mehr laufen sie Gefahr, in den Fehler zu verfallen, welcher die zweite Epoche des wissenschaftlichen Denkens charakterisirt. Nur zu oft vergessen sie, dass ausser uns in ungebrochener Einheit lebt, was der Verstand, um es aufzufassen, in Begriffe theilt und sammelt, dass jeder Begriff, insoferne wir Erfahrung machen wollen, sich zuletzt auf etwas Anschauliches beziehen muss. Nur allzu oft begegnen wir daher der durchgängigen Verwechslung von *nomen* und *res* und der unbewussten Hypostasirung abstracter Begriffe; der jenseits aller Erfahrung liegenden Idee wird das Recht ertheilt, ungestraft in jene hineinzupfuschen und Systeme fertig gemacht, ohne dass ein ernstlicher Versuch vorangegangen wäre, ihre Grundlagen fest und sicher zu legen.

Besonders in Deutschland hat der überschwengliche Begriffsidealismus der meisten nachkantischen Systeme, trotz der genialen und tiefen Gedanken, die in noch nicht genug gewürdigter Fülle in ihnen verborgen liegen, das grösste Unheil angerichtet. Während die Naturforschung bald erkannte, dass ihr mit complicirten Formeln von lauter unbekannten Grössen nicht gedient sei und sie hiedurch keinen Schritt vorwärts komme, hat sich die Herrschaft dieser Philosophien bei hervorragenden Vertretern der Geschichte, der Nationalökonomie, der Jurisprudenz und Staatswissenschaft bis auf den heutigen Tag erhalten. Insbesondere ist noch heute der Einfluss des systematischesten und durchgebildetsten Welterklärungsversuches, des Hegel'schen, ein ganz bedeutender. Dadurch, dass diese Philosophie für alles und jedes eine Formel bereit hat, dass sie überall, wo Begriffe fehlen, ein Wort zur rechten Zeit einstellt, dass sie oft in geistreicher Weise ihre Sätze durch die realen Erscheinungen bestätigt, wenn sie auch noch öfter die Erscheinungen in das Prokrustesbett ihrer Formeln hineinzwängt, dass man endlich mittelst ihrer Methode, welche ja die Gegensätze für identisch erklärt, jede beliebige Behauptung nachweisen kann, hat sie sich noch lange nach dem Sturze ihrer Alleinherrschaft getreue Anhänger, besonders unter den Juristen zu erhalten gewusst. Ihr Einfluss erstreckt sich vereint mit anderen, minder verbreiteten Systemen, wie z. B. dem von den wunderlichsten metaphysischen Phantasien erfüllten Krause'schen, viel weiter, als man auf den ersten Blick glauben sollte. Durch die Macht ihres scholastischen Realismus halten sie auch viele Köpfe gefangen, welche sich über den beschränkten Empirismus der Detailforschung erheben wollen, aber aus Mangel an selbstständigem philosophischen Denken gezwungen sind, sich nach den Ansichten der Wortführer in philosophischen Dingen umzusehen, um diese auf Treu und Glauben als unumstössliche Wahrheiten anzunehmen.

Daher kommt es, dass in so vielen wissenschaftlichen Werken gerade die letzten und höchsten Begriffe, wie z. B. Recht und Staat dadurch definirt werden, dass man ein y an Stelle eines x setzt, dass ein dunkler Begriff durch eine noch dunklere Formel erläutert wird. Ob die dialektische oder eine ähnliche, mit Abstractis spielende Methode überhaupt fähig sei, als heuristisches Princip einer Wissenschaft zu dienen, die sich ja in letzter Instanz auf etwas Concretes beziehen will, daran wird meistens nicht gedacht, wie denn überhaupt die Vernachlässigung eindringender erkenntnisstheoretischer und logischer Studien die Hauptquelle der Aufstellung fehlerhafter wissenschaftlicher Axiome bildet. Die Meisten wären deshalb auch sehr verlegen, sollten sie den logischen Process darthun, durch welchen sie zu ihren Abstractionen gelangt sind. Nachdem nun einmal die obersten Begriffe in dieser willkürlichen Weise festgestellt sind, wird aus ihnen flugs deducirt, was man eben deduciren will, denn an eine Controlle ist nicht zu denken. Je nach dem Ausgangspunkte, den Einer nimmt, und seinen persönlichen Ansichten, wird dann das Resultat seiner Arbeiten ausfallen, und so stehen sich zuletzt unzählige Behauptungen mit derselben subjectiven Berechtigung und derselben objectiven Unbrauchbarkeit gegenüber. Durch all' dieses wird natürlich der vorurtheilslose Wissensdrang nicht befriedigt. Denn das Causalitätsbedürfniss verlangt nach klarer, stufenweiser Ableitung einer Erscheinung aus der anderen. Selbst wenn ein Philosoph erstünde, der unumstösslich die letzten Gründe der Dinge nachweisen würde, so müssten wir immer noch fragen, auf welche

Weise die letzte Einzelheit verursacht sei — die höchsten Principien sind allein nicht genügend, uns zu beruhigen.

Aus dem gerügten Fehler ist es auch abzuleiten, warum so viele Versuche gemacht werden, complicirte, ihrem inneren Wesen nach noch nicht deutlich erforschte Begriffe durch Analogie mit anderen, auf derselben Stufe stehenden zu erklären. So findet eine ganze Reihe von Schriftstellern die Summe der Weisheit darin, wenn sie Staat oder Gesellschaft als einen Organismus definirt, also das complicirteste sociale Gebilde mit den complicirtesten physischen auf eine Stufe stellt. So wenig nun der Socialforscher, will er aufrichtig sein, sich rühmen kann, das Wesen des Staates u. s. w. klar durchschaut zu haben, so wenig wird der Physiolog behaupten, dass ihm der Organismus eine durchaus verständliche Bildung sei. Solche Vergleichungen haben zwar einen gewissen methodologischen Werth, tragen dazu bei, manchen abstracten Vorgang anschaulicher zu gestalten, aber ein reeller Gewinn an Erkenntniss wird durch sie nicht herbeigeführt, es wird durch sie, wie Roscher einmal treffend bemerkt, *ignotum per ignotius* erläutert. Zudem werden über den Analogien meistens die Unterschiede übersehen, so dass die beiden verglichenen Begriffe schliesslich identificirt werden, und aus einem richtigen Bilde wird zuletzt ein falsches Princip.

Dieser Zustand der Wissenschaft hat seine Hauptursache in dem Umstande, dass die geistigen Phänomene unendlich verwickelter sind, als die, welche uns die Natur darbietet. Wie complicirt ist nicht der einfachste psychologische Process gegenüber einem mechanischen oder chemischen! Dazu kommt noch, dass die psychischen Erscheinungen zu ihrer völligen Durchdringung die vollständige Erforschung des Naturfactors, der bei ihnen im Spiele ist, zur unabweislichen Voraussetzung haben. Hebt sich doch das unendliche Getriebe psychischer Functionen, welches die geistige Welt bildet, unmittelbar empor auf dem festen Boden physischer Kräfte, ohne deren Existenz und fortgesetzte Wirkung es gar nicht denkbar wäre. Es erscheint auf den ersten Blick fast unmöglich, diese verwirrende und betäubende Mannigfaltigkeit festzuketten an die übrige Reihe der Erscheinungen und ihre scheinbar so fest gefügten Formen in deren erste Theile aufzulösen. Und wenn man auch an die Möglichkeit dieser Lösung glaubt, so ist es doch klar, dass ganze Generationen von Denkern dazu gehören, um auf diesem Wege grosse Resultate herbeizuführen, und dass eine entsagungsvolle Bescheidenheit nöthig ist, um ihn mit Erfolg zu betreten. Nun interessiren, wie schon bemerkt, die Probleme unserer Natur uns viel mehr, als die Vorgänge der äusseren Natur, ein jeder möchte wissen, was er, was der Staat, die Gesellschaft, das Recht, die Geschichte eigentlich zu bedeuten haben; nicht nur der wissenschaftliche Trieb drängt ihn dazu, auch das praktische Leben, das religiöse, ästhetische und sittliche Bedürfniss. So sucht man auf diese Fragen um jeden Preis eine Antwort zu bekommen, und da es hoffnungslos ist, im Laufe eines Menschenlebens auf dem Wege klarer Induction und Deduction zu diesem Endziel zu gelangen, so ist man genöthigt, zu Principien Zuflucht zu nehmen, die ohne Weiteres den gewünschten Dienst leisten. Da kommt die Speculation den Bedürfnissen des Herzens entgegen und die metaphysischen Mächte gewähren bereitwillig die Offenbarungen, welche die unerbittliche Erfahrung beharrlich verweigert. Daher ist das Verhältniss zwischen Geisteswissenschaft und Metaphysik ein viel innigeres, als dasjenige, welches zwischen der letzteren und der Naturwissenschaft besteht. Diese hat sich bei ihren Detailforschungen von dem Hineinmischen der letzten Principien bereits zu befreien gewusst; kein Chemiker wird bei einer Analyse erst den Begriff der Kraft erforschen und kein Physiolog bei der Untersuchung der Ursachen der Gallenausscheidung vorerst Speculationen über das Wesen der Materie anstellen. Indem sie auf dieser Bahn vorwärts schritt, ist sie zu der an ihren Grenzen stehenden Philosophie in ein nachbarliches Verhältniss getreten, welches wechselseitig viel bessere Früchte getragen hat, als der Kampf, den beide lange Zeit um die gegenseitigen Territorien führten. Kant'sche Ideen haben unter den Naturforschern unserer Tage verständigere Anhänger, als unter vielen Philosophen der jüngsten Vergangenheit, während andererseits die philosophische Production sich auf gründliche Durchdringung des naturwissenschaftlichen Materials zu stützen beginnt; wie dies vor Allen Friedrich Albert Lange bewiesen hat.

Die Warnung, welche am Ende des vorigen Jahrhunderts den Metaphysikern und Naturforschern von Schiller zugerufen wurde, könnte heute mit vollem Fug und Recht den Socialforschern ertheilt werden: Noch kommt das Bündniss mit der Metaphysik zu frühe; erst durch die genaue Abgrenzung des philosophischen und empirischen Gebietes kann die ganze und volle Wahrheit erforscht werden. Die Erscheinungen des geistigen und sittlichen Seins werden von denselben vernünftigen Kräften erfasst, gesammelt und zergliedert, wie die anderen, es sind dieselben Kategorien, dieselben logischen und psychologischen Functionen, welche wir bei Erkenntniss der einen wie der anderen in Anwendung bringen, wir werden daher hier wie dort von dem sicheren Instincte geleitet, dass wir überall die alles verknüpfende Causalität finden werden, dass nichts in der Erscheinungswelt so hoch oder so niedrig stehe, das sich ihrer Allgewalt entziehen könnte. Auch auf diesen Gebieten werden wir die Frage nach den Bedingungen und den Grenzen der Erkenntniss überhaupt der Erkenntnisstheorie und die Zusammenfassung und Begründung der letzten Ergebnisse der Philosophie überlassen. Aber innerhalb der selbstgesetzten Schranken werden die Psychologie und Socialwissenschaft — wie wir bald sehen werden, die einzig möglichen Formen der empirischen Geisteswissenschaft — dieselben Methoden anwenden müssen, wie die Naturforschung, wollen sie überhaupt einen realen Erfolg haben. Sie wird zunächst Thatsachen sammeln, prüfen, sichten, aus ihnen feste Regeln induciren, aus diesen Gesetzen andere deduciren, das Zusammengesetzte analysiren, die einzelnen Theile zu complicirteren Verbindungen zusammenzufügen suchen. Und wie es das letzte Ziel der Naturwissenschaften ist, die Gesammtheit der Erscheinungen aufzulösen in die gesetzmässige Bewegung der kleinsten Theile der Materie und wieder jene aus diesen enstehen zu lassen, so ist es das ideale Ziel der Geisteswissenschaft, die geistige und sittliche Welt aufzulösen in eine gesetzmässige Verknüpfung ursprünglicher psychischer Thätigkeiten und aus diesen wieder aufzubauen.

Wenn wir nun näher untersuchen, welches die gemeinsame Aufgabe derjenigen Classe von Disciplinen ist, welche als ein compactes Ganzes der Naturwissenschaft gegenüber gestellt zu werden pflegen, und für die wir bisher den Namen Geisteswissenschaft gebraucht haben, so können wir sie im Allgemeinen dahin präcisiren: Erforschung der Thatsachen und Gesetze des psychischen Lebens des einzelnen Menschen und der aus den Individuen zusammengesetzten Gesellschaft. Die Thätigkeiten, deren Ergründung der Zweck der Psychologie ist, bilden die gemeinsame Grundlage, auf welcher sich das Denken und Wollen der Individuen sowohl als der Functionen der complicirtesten und verschiedenartigsten socialen Körper abspielen. Die Psychologie steht im unmittelbaren Contacte mit der Naturwissenschaft, denn sie hat zu untersuchen, inwieweit psychische Zustände bedingt oder begleitet sind von physischen, sowie sie andererseits zu den letzten und höchsten Fragen der Erkenntnisstheorie und Metaphysik führt. So wäre sie berufen, die centrale und beherrschende Stelle in der Gesammtwissenschaft einzunehmen, wenn der Mensch als Individuum vollständig zu erforschen wäre. Allein jedes Individuum ist ein staatlich, national, religiös, ökonomisch, historisch, mit einem Worte ein social bedingtes. Daher steigt über der Psychologie noch eine andere Wissenschaft empor, welche zu ihrem Gegenstande die Processe hat, welche sich aus dem Zusammenleben der Individuen entwickeln.[2]) Diese hat zu

[2]) Das Verhältniss der Psychologie zur Socialwissenschaft ist vielleicht von Niemandem richtiger erfasst worden, als von Herbart: „Vermittelst des Wortes, vermittelst der Rede, geht der Gedanke und das Gefühl des Einen hinüber in den Geist des Anderen, dort weckt er neue Gedanken und Gefühle, welche sogleich über die nämliche Brücke wandern, um die Vorstellungen des Ersten zu bereichern; auf diese Weise geschieht es, dass der allermindeste Theil unserer Gedanken aus uns selbst entspringt, vielmehr wir alle gleichsam aus einem öffentlichen Vorrath schöpfen und an einer allgemeinen Gedankenerzeugung Theil nehmen, zu welcher jeder Einzelne nur einen verhältnissmässig geringen Beitrag liefern kann. Aber nicht blos die Summe des geistigen Lebens, sofern sie im Denken besteht, ist ursprünglich Gemeingut, das sich durch die Sprache allen mittheilt: sondern auch der Wille des Menschen, der sich nach den Gedanken richtet, die Entschliessungen; die wir fassen, indem wir auf das, was Andere wollen, Rücksicht nehmen, geben deutlich zu erkennen, dass unsere ganze geistige Existenz ursprünglich von gesellschaftlicher

erkennen die primitiven Vereinigungen, welche die Basis des gesellschaftlichen Lebens sind, die Entstehung und Ausbildung des wichtigsten Verkehrsmittels zwischen den Einzelnen, der Sprachen; ferner die complicirteren Verbindungen von der Stammesgenossenschaft bis zum Staate, die gemeinsamen Gebräuche, Sitten, die religiösen Ueberzeugungen und Caerimonien, die Entwickelung des Rechtes und der Oekonomie, endlich die Gesetze, welche die Bildung und den Lebenslauf der gesammten staatlich und national gearteten Menschheit beherrschen. Auch der Psychologie ist sie behilflich bei deren schwersten und höchsten Aufgaben, nämlich bei der Erforschung derjenigen Vorgänge, welchen die Normalgesetze unseres Denkens, Fühlens und Handelns, die logischen[3]), ästhetischen und ethischen Principien ihren Ursprung verdanken; denn auch diese kann die Wissenschaft nicht „als unmittelbar vom Himmel herabgefallen“ betrachten, und in einer Völkerpsychologie wird der Boden geschaffen, wo beide Wissenschaften vereint ihre Probleme zu lösen versuchen. Die Socialwissenschaft erfasst also und begreift den Staat, die Wirthschaft, das Recht, die Sprache, die Sitte, die Religion, die Kunst, die Wissenschaft und zuhöchst die Geschichte als gesellschaftliche Producte. Die Gesellschaft — nicht etwa ein abstracter, mythischer Begriff, sondern die sehr reale Thatsache des Zusammenlebens und Zusammenarbeitens der Menschen — ist gleichsam die Substanz für die Socialwissenschaft und jene Aeusserungen die Attribute, unter welchen sie angeschaut werden kann. In jener Thatsache finden die einzelnen Disciplinen ihren gemeinsamen Einigungspunkt, den sie nicht vergessen dürfen, wenn sie nicht in Einseitigkeit und Widerspruch verfallen wollen.

Die Socialwissenschaft setzt sich sonach alle die Probleme, in welchen der Einzelne nicht mehr als Ich, sondern nur noch

Art ist. Unser Privatleben ist nur aus dem allgemeinen Leben abgesondert, in welchem es seine Entstehung, seine Hilfsmittel, seine Bedingungen, seine Richtschnur findet und immer finden wird.“ Ueber einige Beziehungen zwischen Psychologie und Staatswissenschaft. Gesammelte Werke, Bd. IX., Seite 203 ff.

[3]) Der kühne Versuch, die Möglichkeit einer völkerpsychologischen Entstehung der logischen Normen nachzuweisen, ist von Windelband in der Zeitschrift für Völkerpsychologie und Sprachwissenschaft, herausgegeben von Lazarus und Steinthal, Bd. VIII. 2, S. 166 ff., gemacht worden.

als Atom erscheint. Während der Psychologie das Individuum als der höchste zu erklärende Gegenstand gegeben ist, wird dieses hier völlig gleichgiltig. Wie das Blutkörperchen unter dem Mikroskope als eine gesonderte und selbstständige Bildung erscheint, in der kreisenden Bewegung des Blutstromes aber mit Billionen seines Gleichen, als eine unterschiedslose Flüssigkeit sich darbietet, so verschwindet auch vor dem Auge des Socialforschers alles Einzelleben in dem Leben der Menschheit. Dieses zu durchschauen und zu erklären ist das letzte Ziel, das ihm in dunkler, unerreichbarer Ferne vorschwebt. Daher sind ihm eigentlich alle anderen Wissenschaften dienstbar, denn sie sind gleichsam Vorbedingungen zur Entzifferung der Schicksale unserer Gattung, deren Leben sich ja in der Natur und stündlich beeinflusst von der Natur vollzieht, das deshalb auch nur dann völlig verstanden werden kann, wenn die Natur uns ihre Gesetze enträthselt hat. Freilich müssen wir noch darauf verzichten, den realen Zusammenhang zwischen den entlegensten Territorien der Wissenschaft aufzuweisen; einen solchen Zusammenhang zu finden, ist noch immer das Vorrecht des intuitiven philosophischen Genius, der, indem er uns die Weltanschauung seines Zeitalters und seinem Zeitalter eine Weltanschauung gibt, den Ausspruch Hegel's erfüllt, dass die Philosophie das Denken ihrer Zeit sei. Aber in der Socialwissenschaft ist die Forderung enthalten, die Einheit aller Wissenschaft empirisch zu erproben. Sie steht auf dem festgefügten Boden der Naturprocesse und ragt mit dem Haupte in die wolkenbedeckten Höhen der letzten Principien.

Bis jetzt haben wir die Wissenschaft nur insoferne betrachtet, als sie unserem Erkenntnissdrange Befriedigung zu bereiten im Stande ist. Neben diesem theoretischen Werthe — allerdings ihrem höchsten — besitzt sie aber andererseits eine unermessliche Bedeutung für das praktische Leben der Menschen. Ihre Resultate sind tausendfach befähigt, dem Reiche der Zwecke zu dienen, welches uns empfängt, wenn wir den Schauplatz der Welt handelnd, nicht blos erkennend, betreten. Da drängt sich uns neben den beiden Fragen nach dem Sein und Ursprung der Dinge noch eine dritte auf, die Frage nach dem „Wozu". Wir suchen nach Mitteln, um die endlose Menge der Begehrungen und Triebe zu befriedigen, die in vielverschlungener Weise dem physischen und psychischen Sein des Menschen entspringen, und wir wenden uns an die Wissenschaft, um von ihr die Auskunft zu erhalten, wie dies am vernünftigsten zu bewerkstelligen sei. Die gewünschte Antwort zu ertheilen, liegt nicht in dem Bereiche der Wissenschaft selbst, denn diese kann und will nur erkennen, was und wodurch etwas ist, weiter nichts. Es ist vielmehr das Werk des praktischen, zweckbewussten Geistes, die auf theoretischem Wege gewonnenen Ergebnisse für seine Ziele zu verwenden. Insoferne ist es freilich ein Widerspruch von einer praktischen Wissenschaft zu reden, und wir gebrauchen den Ausdruck nur, um anzudeuten, dass es sich im gegebenen Falle um praktische Resultate handelt, welche mit Hilfe der Wissenschaft erzeugt wurden. Mittelst geometrischer Sätze construiren wir Brücken und bauen wir Eisenbahnen, aber kein Euklid und kein Newton könnten aus der gesammten Mathematik deduciren, wie dies zu thun sei, wenn nicht das praktische Begehren das leitende Motiv wird zur Combination wissenschaftlicher Erkenntnisse.

In der angegebenen Weise werden an keine Wissenschaft höhere praktische Anforderungen gestellt, als an die Socialwissenschaft, deren Gegenstand ja wir selber sind. Sie soll uns lehren, vernünftig und glücklich zu leben und den Wegweiser aufrichten zur richtigen Vollbringung aller unserer Angelegenheiten. So lebhaft ist das Bedürfniss, teleologische Fragen an sie zu richten, dass der falsche Schein entsteht, als ob sie aus eigener Machtvollkommenheit zu entscheiden berufen wäre, was zu geschehen habe, während das doch von den Zwecken abhängt, die erreicht werden sollen. In den Fehler, die Principien und Ergebnisse der Socialwissenschaft unmittelbar praktisch zu machen, ohne die Erkenntniss, dass erst nothwendigerweise der menschliche Zweckbegriff als Mittelglied eingeschoben werden muss, ist fast die ganze Reihe der Forscher verfallen, welche der metaphysischen Periode angehören. Erlaubt wäre dies nur, wenn uns ein Vermögen absoluter Erkenntniss innewohnte; wenn uns der Urgrund der Dinge bekannt wäre, könnten wir vielleicht auch absolute Zwecke bestimmen. So lange aber die Existenz eines solchen Vermögens mehr als problematisch ist, wird sich die Socialwissenschaft zu hüten haben, unbedingte Werthurtheile zu fällen. Dem speculirenden Geiste mag es unbenommen bleiben, dies zu thun; in der empirischen Wissenschaft jedoch ist eine derartige Teleologie oft das grösste Hinderniss der richtigen Erkenntniss, weil die vermeintlichen Endzwecke der socialen Functionen meist nur die ins Absolute erhobenen Vorurtheile des betreffenden Schriftstellers sind.

Nachdem wir uns gegen Missverständnisse geschützt haben, können wir der theoretischen Socialwissenschaft eine praktische an die Seite stellen, deren Charakter und Methode durch das System wohlerkannter socialer und individueller Zwecke bestimmt wird. Eine hervorragende Stellung im Kreise dieser Disciplinen nimmt die Gesammtheit der juristischen Wissenschaften ein, insoweit sie nicht die Entstehung und Bildung des Rechtes zu ihrem Gegenstande machen — worin sie übrigens nur eine Unterabtheilung der Geschichtsforschung bilden — sondern soferne sie die Brauchbarkeit der Rechtssätze und die Art und Weise ihrer Anwendung auf concrete Rechtsverhältnisse prüfen. Sie nehmen ebenso den Charakter höherer Kunstfertigkeiten an, wie z. B. die Medicin, wenn sie nicht bei der Erklärung pathologischer Vorgänge stehen bleiben, sondern durch therapeutische Mittel den Zustand der Gesundheit wieder herbeiführen will. Die specifische Methode, welche die Jurisprudenz in bewunderungswürdiger Vollkommenheit ausgebildet hat, ist gänzlich nur auf die Erfassung des Praktischen gerichtet und mittelst derselben nur eine immanente theoretische Erkenntniss möglich.

Ich habe diese Betrachtungen vorausgeschickt, um meine Stellung gegenüber den Problemen, die ich im Folgenden zu behandeln gedenke, präcise darzuthun. Ich will nämlich in kurzen Umrissen zeigen, was das Wesen des Rechtes vom Standpunkte einer auf dem Boden der Socialwissenschaft aufgebauten Ethik sei, die Wirkungen, welche die Ueberschreitung der Rechtsnormen in der Gesellschaft hervorrufen, endlich den Charakter der socialen Reaction gegen diese Wirkungen, der Strafe, festzustellen versuchen.

Erstes Capitel.

Die Socialethik.

Um das Sittliche und die Art seiner Verwirklichung zu erkennen, kann man zwei verschiedene Standpunkte einnehmen. Entweder setzt man den Ursprung des Sittlichen in ein metaphysisches, auf aprioristischem Wege entdecktes Princip oder man sucht seine Herkunft aus der Erfahrung abzuleiten. Das Erstere thut die speculative, das Andere die empirische Ethik. Ferner kann das Sittliche entweder aus der Beschaffenheit des einzelnen Geistes oder aus dem Wesen eines über dem Einzelnen stehenden Ganzen abgeleitet werden. In jenem Falle ist die Ethik subjectivistische oder Individualethik, in diesem objective, und wenn das Ganze ein Collectivum ist, dem der Einzelne als Theil angehört, Socialethik.

Eine empirische Ethik hat daher zwei Möglichkeiten. Entweder ist es ausschliesslich eine in jedem Individuum vorhandene ursprüngliche Fähigkeit, durch welche die sittlichen Normen zu Stande kommen, oder diese fliessen aus der Natur und den Zwecken der Gesammtheit, welcher die Einzelnen angehören. Da nun aber das Individuum nicht als etwas Ursprüngliches betrachtet werden kann, oder da wir wenigstens das Ursprüngliche in ihm von dem Ererbten und Erworbenen zu scheiden beinahe ausser Stande sind, da ferner das Individuum als ein Resultat unendlich mannigfaltiger natürlicher und socialer Processe erscheint, so wird die empirische Ethik den Ursprung des Sittlichen in Natur und Gesellschaft suchen, sie wird Socialethik sein müssen. Wollte sie bei einem ausschliesslich individualistischen Princip verharren, so müsste sie dieses für ein Letztes, nicht weiter Ableitbares erklären und die unendliche Causalreihe alles empirischen Geschehens durch einen unmöglich zu motivirenden Machtspruch unterbrechen.

Die Socialethik wird jedoch in gewissem Sinne auch beim Individuum anfangen müssen. Will sie sich nämlich nicht in luftige Speculationen verlieren, welche, obschon auf dem scheinbar so festen Boden naturwissenschaftlicher Hypothesen ruhend, den vielverlästerten Auswüchsen der idealistischen Philosophie in der ersten Hälfte unseres Jahrhunderts wenig nachstehen, so muss sie bei dem Menschen anfangen, der seinen körperlichen und geistigen Anlagen nach bereits als solcher erscheint, mag er immerhin das Product einer langen Vorzeit waltender Naturkräfte sein.

Dieser Mensch, mit dem die Socialethik beginnt, ist nicht das speculative Bild vom Wesen des Menschen, in welches unbewusst schon alles hineingezeichnet ist, was man aus ihm deduciren will [1]), er ist nicht jener fingirte, absolut egoistische Mensch, der die Gesellschaft gründet, um dem *bellum omnium contra omnes* zu entgehen, er ist nicht der „Biedermann der Urzeit", welcher eines schönen Tages den Naturzustand freiwillig verlässt, er ist nicht der edle Wilde des vorigen Jahrhunderts, welcher dem verdorbenen Culturmenschen als Ideal entgegengesetzt wurde, auch nicht der ideale Mensch der Romantiker, dem gegenüber die ganze historische Menschheit nur ein durch eigene Schuld entstandenes Zerrbild repräsentirt, sondern der Urmensch, wie ihn die praehistorische Wissenschaft erforscht, der sogenannte wilde Mensch, wie ihn Tylor,

---

[1]) Die Krause'sche, durch Ahrens popularisirte Philosophie will aus einem solchen „Wesen des Menschen und der Menschheit" Sittlichkeit und Recht erklären, und betont die analytische Erforschung der Lebensverhältnisse gegenüber der apriorischen Construction. Welcher Art die Erforschung des menschlichen Wesens ist, erfahren wir daraus, dass „in dem Willen durch das höhere göttliche Princip die Freiheit erzeugt wird", dass der Mensch „urplötzlich" durch die aus dem Absoluten stammenden göttlichen Ideen die endliche Reihe seiner Handlungen unterbrechen kann. Ahrens, die Rechtsphilosophie oder das Naturrecht auf philos. anthrop. Grundlage, 4. Aufl. S. 182, 183.

Lubbock und Spencer schildern, welcher durch den Wandel natürlicher und geschichtlicher Einflüsse zuletzt als Europäer des neunzehnten Jahrhunderts auftritt. Die Forschungen über die Urzeit des Menschengeschlechtes, die Anthropologie und Ethnographie, welche die Gebräuche und Gewohnheiten niedrig stehender Völker gesammelt haben, haben bereits hinlänglich gezeigt, dass dasjenige, was wir der Menschennatur als ursprünglich inhärent denken, nicht vorhanden ist, wenn wir die untersten Stufen der Cultur historisch und ethnographisch betrachten. Selbst die, welche glauben, die ethischen Gesetze seien ewig in unwandelbarer Gleichheit vorhanden gewesen, können ihre Ansicht nur durch die Ausflucht retten, dass diese Gesetze den Menschen nur allmälig zum Bewusstsein gekommen sind. [2]) Die Socialethik wird hingegen das Sittliche nicht als etwas Ruhendes, sondern nach der Entwickelung des Collectivwesens, dem es entspringt, sich Bewegendes und Wachsendes zu erforschen versuchen.

In diesem Menschen, welcher an dem Anfangspunkte der socialen Entwickelung steht, muss bereits eine specifische Fähigkeit vorhanden gewesen sein, auf andere Wesen seiner Gattung Rücksicht zu nehmen, d. h. den urprünglich jedem Organismus innewohnenden Trieb, sich zu behaupten und so viel als möglich seine Bedürfnisse zu befriedigen, zu mässigen durch einen zweiten ursprünglichen Trieb, mit anderen Individuen vereint zu leben, welcher nothwendig eine Beschränkung des sich nur auf sich selbst beziehenden Strebens zur Folge hat, weil nur dadurch die Möglichkeit eines geselligen Lebens gegeben ist. Ein solcher Trieb ist nicht ausschliessliches Eigenthum des Menschen; Ansätze zu ihm zeigen sich schon ziemlich tief in der Stufenfolge der organischen Wesen; im Geschlechts-

[2]) Z. B. Trendelenburg: „Von der philosophischen Seite kann es kein anderes Princip der Ethik geben, als das menschliche Wesen an sich, d. h. das menschliche Wesen in der Tiefe seiner Idee und im Reichthum seiner historischen Entwicklung. Beides gehört zusammen. Denn das nur Historische würde blind und das nur Ideale leer; und der richtige Fortschritt geschieht darin, dass das Historische den Antheil an der Idee und die Idee den Zusammenhang mit der Geschichte erstrebt.“ Naturrecht auf dem Grunde der Ethik. 2. ausgeführte Auflage. Leipzig 1868. S. 45

triebe und der Sorge für die Brut finden sich die ersten Spuren jener Hingabe an die Gattung, welche das subjective Wesen des Sittlichen bildet; sie sind die ersten Regungen des Ethischen in der Natur. Schon dem tiefen Blicke des Aristoteles war es nicht entgangen, dass der Congregationstrieb in noch höherem Grade zum Inventar der Menschennatur gehört, als er den Bienen und jedem anderen in Heerden lebenden Thiere eigenthümlich ist; darum ist nach ihm der Mensch das sociale Thier *par excellence.*

Es sind also im Menschen zwei Haupteigenschaften, oder besser zwei Hauptgruppen von Eigenschaften zu unterscheiden. Die ersteren, welche sich blos auf das von ihnen beherrschte Individuum beziehen, sind die egoistischen, die anderen, welche in irgend welcher Weise zu einem Handeln drängen, dessen Resultat einem anderen als dem handelnden Individuum zu Gute kommen, können die altruistischen[8]) genannt werden. Ohne das Vorhandensein eines gewissen Masses der letzteren ist eine wie immer geartete Gesellung undenkbar, denn es würde nie zu einer ersten Berührung der Individuen kommen. Man könnte zwar einwenden, dass wohlverstandener Egoismus ebenfalls ein geselliges Princip abzugeben vermag; allein ein solcher wohlverstandener Egoismus lässt sich nur bei einem bereits durch die Cultur hindurchgegangenen Menschen denken, nicht aber bei dem nur mit den dürftigsten psychischen Merkmalen der Menschennatur ausgestatteten, der uns am Anfange der Culturentwickelung entgegentritt, der fast nur instinctiven Antrieben gehorcht und dem Reflexionen jeder Art fremd sind.

Ebensowenig liesse sich eine Gesellschaft ohne das Vorhandensein eines gewissen Masses von egoistischen Trieben denken. Wie es ohne Altruismus nie zu einer gegenseitigen Einwirkung der socialen Molecüle käme, so würde ein vollständiger Mangel des Egoismus, des Beharrungsvermögens des Einzelnen, eine Verflüchtigung der Gesellschaftsglieder nach sich ziehen. Sowie die Naturphilosophie aus Attractions- und

---

[8]) Dieser Ausdruck, zuerst von Auguste Comte gebraucht, dürfte wohl geeignet sein, wissenschaftliches Bürgerrecht zu erlangen.

Repulsionskraft die Welt der Materie entstehen liess, baut die Socialwissenschaft aus dem Egoismus und Altruismus die Gesellschaft auf.

Nächst der Voraussetzung der beiden Grundtriebe der menschlichen Natur geht die Socialethik aus von der Thatsache einer alle denkbaren Lebensbeziehungen der Einzelnen umfassenden Gemeinschaft. Sie wird festzustellen versuchen, welche Anforderung eine historisch bestimmte gesellschaftliche Ordnung, um sich zu erhalten, an ihre Glieder stellt und die Bedingungen erforschen, unter welchen ein concreter Gesellschaftszustand in einen höheren, reicher entwickelten übergehen kann, soferne dies durch menschliche Thätigkeit zu erreichen ist. Es sind also die Existenz- und Entwickelungsbedingungen des Collectivums, das aus den Individuen zusammengesetzt ist, welche den Inhalt des durch menschliches Handeln zu Verwirklichenden, des Sollens bilden.

Die auf diesem Wege sich ergebenden Gesetze sind völlig anderen Wesens als die Naturgesetze. Das Naturgesetz enthält den Ausdruck für eine unbedingte Nothwendigkeit, das Sittengesetz für eine bedingte.

Im ersten Augenblicke mag das paradox erscheinen, weil die speculativ-individualistische Ethik, die noch immer die herrschende genannt werden muss, uns gelehrt hat, dass gerade die Gebote des Sittengesetzes von unbedingter Nothwendigkeit sind. Indess bei näherer Betrachtung wird sich finden, dass der Schein eines unbedingt bindenden Gebotes nur dadurch entstand, dass die vorausgesetzte Bedingung unserer Natur unbewusst so tief eingeprägt ist, dass es reifliche Ueberlegung und wissenschaftliche Untersuchung kostet, um sie in's Bewusstsein zu bringen. Diese Bedingung ist das Wollen der Existenz der Gesellschaft. Da die Beziehungen des Culturmenschen zu der Gesellschaft derart sind, dass man mit vollem Rechte auf beide das anwenden kann, was Aristoteles von dem Verhältniss des Individuums zum Staate behauptete, dass nämlich das Allgemeine der Natur nach früher da sei, als das Einzelne, und dass der ausserhalb des Staates Stehende entweder ein Thier oder ein Gott sein müsse; da das Individuum durch tausend und aber tausend Fäden mit dem grossen Collectivum zusammenhängt und sein ganzes Dichten und Trachten, selbst da, wo es sich scheinbar von demselben absondert, mit unzerreissbaren Banden daran geknüpft ist, so dass sein Denken, Fühlen und Wollen durch und durch ein sociales ist; da es mit dem Augenblicke, wo es in die Welt tritt und sogar noch früher bereits von den socialen Einflüssen beherrscht ist, so kann es nicht Wunder nehmen, wenn das Bejahen der Gesellschaft, welches den Vordersatz eines ethischen Gebotes bildet, unter der Bewusstseinschwelle liegt, so dass das Gewissen, eine psychologische Erscheinung, in welchem man lange nur ein ganz Unerforschliches zu sehen gewohnt war, die jedoch in neuerer Zeit oftmals zerlegt wurde [4]), in der Form eines unbedingten Sollens zu uns spricht.

Die Formel, in welche man vom socialethischen Standpunkte aus alle ethischen Gebote bringen kann, ist folgende: Wenn du die Gesellschaft und ihre Entwickelung haben willst, so musst du so handeln, dass deine Handlungsweise zur Erhaltung und Förderung der Gesellschaft beiträgt. Da nun ein Nichtwollen der Gesellschaft im Grunde eine Unmöglichkeit ist, denn wer solches thäte, müsste die ganze ihm von der Gesellschaft gegebene Mitgift abschütteln, was so viel wie Selbstvernichtung bedeutet [5]), da selbst der, welcher sich noch so schwer gegen die Gesellschaft vergeht, dadurch, dass er weiter in ihr lebt, zu erkennen gibt, dass er sie dennoch bejahe, so kann der hypothetische Satz in einen kategorischen verwandelt werden und lautet dann: handle so, dass deine Handlungsweise die Gesellschaft erhält und fördert. Allein die Wissenschaft darf nicht vergessen, dass alles Sollen ein bedingtes Müssen ist.

---

[4]) Z. B. Schopenhauer, Preisschrift über die Grundlage der Moral §. 9. W. W. Herausg. von Frauenstädt. Bd. IV. Trendelenburg a. a. O. S. 39. Darwin, die Abstammung des Menschen und die geschlechtliche Zuchtwahl. Deutsch von V. Carus. Stuttgart 1871. S. 59 ff.

[5]) Die einzige Möglichkeit für den Culturmenschen, freiwillig aus der Gesellschaft auszuscheiden, ist der Selbstmord. Denn selbst der auf eine wüste Insel verschlagene Robinson, der sich kleidet, Feuer unterhält und mittelst Pulver und Blei Thiere erlegt, hat Culturbedürfnisse, und indem er sie befriedigt, bejaht er die Gesellschaft, der er sie verdankt.

Ein solches bedingtes Müssen ist aber nicht erst in der Gesellschaft zu finden. Ueberall, wo wir die Existenz und Entwickelung eines organischen Ganzen bejahen, finden wir solche bedingte Gesetze oder, was dasselbe besagt, Normen. Schon für das Thier, schon für den pflanzlichen Organismus gibt es zufolge unserer Art, sie zu betrachten, Normen. Das Thier muss Nahrung zu sich nehmen, um zu leben, die Pflanze mit Wasser getränkt werden, um zu gedeihen. Die Gesetze, welche Gesundheit und Krankheit der organischen Wesen beherrschen, sind eben so gut Normalgesetze, wie die sittlichen. Denn für den rein theoretischen Forscher, der alles nur nach seinem Erkenntnisswerthe misst, gibt es so wenig Krankheit als Gesundheit, die erst durch eine teleologische Betrachtung des Organismus entstehen. Krankheit „kann nur als eine der Erscheinungsmöglichkeiten gefasst werden, unter denen das Leben der einzelnen organisirten Körper sich zu offenbaren vermag. Es besteht daher kein wesentlicher Unterschied zwischen physiologischen und pathologischen Gesetzen, keiner zwischen den Kräften und Stoffen, unter welchen das gesunde und denen, durch welche das kranke Leben geschieht. . . . Was wir Krankheit nennen, ist nur eine Abstraction, ein Begriff, womit wir gewisse Erscheinungscomplexe des Lebens aus der Summe der übrigen heraussondern, ohne dass in der Natur selbst eine solche Sonderung bestünde."[6]) So gibt es ferner Normalgesetze für das Denken, welche die Bedingungen bezeichnen, unter welchen eine objectiv richtige Erkenntniss zu Stande kommt, deren Nichtbefolgung oder Störung das Denken uns als irrig oder als krank erscheinen lässt. Allein der Irrende und der Irrsinnige denken gleich dem die logischen Gesetze Befolgenden und dem Gesunden nach denselben psychologischen Gesetzen, bei diesem und jenem tauchen Vorstellungen mit derselben subjectiven Wahrheit im Bewusstsein auf, verdrängen einander und rufen durch Association andere hervor. Von Irrthum und Irrsinn kann man erst dann sprechen, wenn man dem Denken Zwecke setzt, für den Psychologen repräsentiren

[6]) Virchow, in dem von ihm herausgegebenen Handbuche der speciellen Pathologie und Therapie. Erlangen 1854, Bd. I., S. 1.

sie aber nur gewisse Erscheinungscomplexe psychischer Zustände, wie für den Naturforscher die pathologischen nur eine Species der physiologischen.

Der Socialethiker Alexander von Oettingen glaubt aus der Thatsache normativer Gesetze innerhalb der Gesellschaft auf die dem Menschen gegebene Fähigkeit spontaner Willensentscheidung, d. h. der Freiheit, schliessen zu müssen, denn ohne diese sei „jedes normative Gesetz schlechterdings illusorisch, ja ein Selbstwiderspruch und Nonsens."[7]) Wäre dieses Argument für die sittliche Freiheit richtig, dann müsste die Möglichkeit, durch spontane Willensentscheidung gesund zu werden, oder richtig zu denken beim Kranken und Irrsinnigen angenommen werden, weil sonst die Normalgesetze des gesunden Körpers und Geistes ein Nonsens und ein Selbstwiderspruch sein müssten.

Die sittlichen Gesetze sind somit eine Art der Normalgesetze, die uns da entgegentreten, wo immer wir ein Ding teleologisch betrachten und den Weg angeben, wodurch die gedachte Zweckbeziehung verwirklicht und erhalten wird. Es sind diejenigen Normen, welche aus den Bildungs-, Seins- und Entwickelungsbedingungen der Gesellschaft fliessen und sich an den menschlichen Willen zu ihrer Verwirklichung richten.

Nun ist die Gesellschaft, da sie doch alle denkbaren Beziehungen der Individuen umfasst, ein höchst complicirtes Ganzes, das so viele sociale Gebilde in sich enthält, als es Beziehungsformen der gesellschaftlichen Molecüle gibt. Aus jeder dieser Beziehungsformen werden eigenthümliche Normen fliessen. Da ist es nicht anders möglich, als dass die einzelnen Normen sich gegenseitig durchdringen und auch theilweise aufheben. Es geht in dieser Hinsicht mit den normativen Gesetzen ebenso, wie mit den Naturgesetzen, die auch selten in voller Reinheit zur Erscheinung gelangen können, weil ihre Wirkungen durch die anderen Gesetze perturbirt werden. Es erscheinen daher viele Normen, insoferne sie im Zusammen-

[7]) A. v. Oettingen, Die Moralstatistik und die christliche Sittenlehre. Versuch einer Socialethik auf empirischer Grundlage. Erster Theil: Die Moralstatistik. Inductiver Nachweis der Gesetzmässigkeit sittlicher Lebensbewegung im Organismus der Menschheit. Erlangen 1868, S. 954.

hange mit den anderen betrachtet werden, nicht als ausnahmslos geltende Gesetze, sondern als Regeln mit Ausnahmen.[8]) Als allgemeiner Grundsatz hat dabei zu gelten, dass die objectiv werthvollere Norm die minder werthvolle im Falle der Collision aufzuheben hat. Nur dadurch ist eine Lösung des so schwierigen Problems der Collision der Pflichten, oder wenn man will, der „objectiven sittlichen Mächte“ möglich, ein Problem, das nur für diejenigen nicht existirt, welche die Augen vor der Wirklichkeit zudrücken, um desto ungestörter ihren welterklärenden Träumen nachhängen zu können.

Wir haben die Sittlichkeit ein sich Bewegendes und Wachsendes genannt. Damit scheint für sie das unbewiesene und unbeweisbare Dogma eines optimistischen Evolutionismus ausgesprochen zu sein. Sind wir denn thatsächlich im Verlaufe der Geschichte besser geworden? Ist doch der Mensch, *l'animal méchant par excellence,* zu allen Zeiten derselbe geblieben!

Diese Frage kann nur von einer einseitigen Individualethik verneint werden und zwar hauptsächlich von der speculativen, obwohl auch prosaisch nüchterne Köpfe, wie z. B. Buckle, denselben Standpunkt einnehmen. Die Individualethik schlägt nämlich bei Beurtheilung der menschlichen Thaten den umgekehrten Weg ein, den die Socialethik betritt. Wenn die That in ihr inneres und äusseres Moment, in die Gesinnung und in die Handlung zerfällt wird, so ist für die Individualethik das erstere weitaus das wichtigste und das zweite nur insoferne von sittlicher Bedeutung, als es aus dem ersten hervorgegangen ist. Ihre Principien, welche sie auch sein mögen, fordern zuerst das Dasein der guten Gesinnung, das Hinaustreten derselben in die Aussenwelt soll nur dann stattfinden, wenn der allen sittlichen Werth verleihende innere Zustand bereits eingetreten ist. Die That selbst hat nur insoferne ethischen Werth, als sie sich als Product der letzten sittlichen Principien darstellt,

[8]) In treffender Weise hat Binding: Die Normen und ihre Uebertretung, I. Bd, Leipzig 1872, §. 8 E., hervorgehoben, dass die Rechtsnorm kein ausnahmslos geltendes Gebot sei. Vgl. Trendelenburg a. a O. §. 47. Das trifft aber nicht nur für diese, sondern für einen grossen Theil aller sich an den Willen richtenden Normen zu. Wie viele Controversen finden durch diese so wohl begründete Annahme ihre befriedigende Lösung!

und sie steht auf der Stufenleiter der Sittlichen um so tiefer, je mehr sie das Resultat anderer als rein sittlicher Beweggründe ist; fehlen diese gänzlich, dann ist die That, möge sie, von ihrer objectiven Seite betrachtet, noch so gut sein, ohne jeden Werth. Am schärfsten tritt diese Auffassung bei den modernen Systemen einer speculativen Ethik hervor, welche den rein nach sittlichen Grundsätzen handelnden Menschen, der die ethische Nothwendigkeit des Sollens in allen seinen Thaten verwirklicht und alle entgegenstehenden sinnlichen Triebe beharrlich überwindet, als zur Erscheinung zu bringendes Ideal hinstellen. An einem solchen Ideale gemessen, muss aber nothwendig alles menschliche Thun oder doch der grösste Theil desselben als nichtig oder böse erscheinen, und wenn die einzelnen unvollkommenen Thaten sich auch dadurch unterscheiden, dass sie dem von der sittlichen Idee Geforderten mehr oder weniger nahe kommen, so wird ihnen doch nur, je nach dem Grade ihrer Annäherung an die Idee, ein geringerer oder grösserer negativer Werth zukommen. Ein positives sittliches Thun ist nur dann möglich, wenn es völlig mit der Idee übereinstimmt. Diese bezeichnet zugleich den Nullpunkt und den Endpunkt in der sittlichen Scala; über sie hinaus ist ein ethisches Geschehen nicht möglich; unter ihr hat Alles blos negative Bedeutung. In der Welt des realen Lebens „da erblasse vor der Wahrheit Strahle unsere Tugend, vor dem Ideale fliehe muthlos die beschämte That. Kein Erschaffner hat dies Ziel erflogen.“

Von einem solchen Standpunkte aus ist nichts leichter, als die Idee einer historisch fortschreitenden Entwickelung der thatsächlich vorhandenen Sittlichkeit zu negiren, umsomehr, als das sittliche Ideal selbst nachweisbar in historischem Fortschritte begriffen ist und daher, selbst wenn man eine ethische Evolution annimmt, der Unterschied zwischen dem realen und dem idealen Handeln stets derselbe bleibt, so dass das Ideal stets in derselben unerreichbaren Ferne schwebt.

Für die Socialethik jedoch wird das Sittliche, zum Theil wenigstens, concret in der Gesellschaft vorhanden sein müssen. Denn es ist eben nichts Anderes als die Lebens- und Entwickelungsbedingungen der Gesammtheit. Unter Entwickelung der Gesellschaft ist aber zu verstehen die reichere Differenzirung und Entfaltung der socialen Glieder, der Wachsthum der Beziehungsfülle zwischen den Einzelnen, die fortschreitende Möglichkeit, die vollständige Ausbildung und Bethätigung sämmtlicher menschlicher Kräfte herbeizuführen. Dass in dieser Hinsicht ein Entwickelungsprocess stattfindet, lehrt die Geschichte in unzweideutiger Weise. Mit einem absoluten Ideale verglichen mag das Individuum zu allen Zeiten derselbe sündige Mensch geblieben sein, aber die Gesammtheit ist besser geworden; vor Jahrtausenden liess sie dasselbe Sklavendienste thun, kümmerte sich nicht um seine Heranbildung, schlachtete es wie ein Thier, wenn es im Kriege gefangen wurde, liess es hilflos liegen, wenn es erkrankte; heute nimmt sie es von seinem ersten bis zum letzten Athemzuge unter ihren Schutz, gibt ihm Bildung, Wissen, Freiheit, Pflege. Damit soll nicht behauptet werden, dass die Menschen glücklicher geworden seien. Die Socialethik fühlt sich nicht berufen, in der Lieblingsfrage der modernen Dilettantenphilosophie ein entscheidendes Votum abzugeben — sondern sie zeigt nur, dass das Princip, auf welchem die Gesellschaft beruht, die Solidarität der Gesellschaftsglieder, in immer reinerer Weise zum Ausdruck kommt. Die Solidarität lässt die Gesammtheit immer mehr als sittlichen Zweck des Einzelnen, den Einzelnen immer mehr als sittlichen Zweck der Gesammtheit erscheinen. „Alle für Einen, Einer für Alle", das ist die Devise, unter welcher der Fortschritt der Gesellschaft stattfindet.

Durch die Erkenntniss, dass die Menschen in der Gesellschaft in allen ihren Handlungen solidarisch verknüpft sind, wird eine Strenge der sittlichen Anforderungen erzeugt, wie sie die rigoristischeste Individualethik nicht einmal zu ahnen im Stande ist. Für diese ist es gänzlich irrelevant, welche Wirkung die vor dem individuellen Gewissen gerechtfertigte Handlung in der Aussenwelt hervorbringt. Hat man aber einmal erkannt, dass in dem socialen Kosmos fast jede Handlung Folgen hervorruft, die in das Leben der Gesammtheit eingreifen, so tritt an jeden die kategorische Forderung heran, die Handlungen nicht nur nach ihrem subjectiv-individuellen, sondern auch, so weit als möglich, nach ihrem objectiv-socialen

Werthe zu prüfen. Hat man eingesehen, dass man physisch, geistig und sittlich der Gesammtheit entstammt, so ergibt sich daraus eine Tiefe der Verpflichtung des Einzelnen gegen das Ganze, welche uns unablässig das „Sollen“ mit einer Stimme zuruft, der gegenüber jede andere verhallen muss. Leider ist die Ethik noch dasjenige Gebiet, wo die atomistische Ansicht vom Verhältnisse des Individuums zur Gesammtheit ihre Herrschaft am festesten behauptet; so lange sich hier die richtige Erkenntniss nicht Bahn bricht, kann der Grund der Socialwissenschaft nicht als sicher gelegt betrachtet werden; so lange man die Richtschnur für das menschliche Handeln nur aus dem handelnden Individuum nimmt, wird die Gesellschaft als ein zufälliges Aggregat der Einzelnen erscheinen und damit die Möglichkeit zu einer richtigen Erkenntniss auch nur der socialen Probleme versperrt.

Die Individualethik, sowohl die empirische wie die speculative, wird in dem Fortgange ihrer Untersuchung freilich auch auf die Forderung socialer Pflichten des Individuums geführt; allein nur entweder, weil diesem die Gesellschaft grössere Vortheile bietet, oder weil der Einzelne seine unendliche, in stetiger Annäherung an das Ideal liegende Bestimmung nur in der Gemeinschaft mit anderen gleich gearteten Wesen erreichen kann. Die Gesellschaft gilt der Individualethik, namentlich der speculativen, nicht als etwas Selbstständiges, Selbstberechtigtes, sondern nur als Bedingung für die Realisirung der ethischen Zwecke des Individuums. Dieses besitzt ursprünglich bereits alle Fähigkeiten, die Welt des Seinsollenden zu verwirklichen und sein Hinaustreten in die Welt des Seins hat nur den Zweck, sie dem höheren Kosmos, dem es entsprungen ist, dienstbar zu machen. Wie die ganze Welt wirkender Ursachen, so ist auch die Gesellschaft für die individualethische Betrachtung nur ein Mittel zur Erreichung des letzten Zweckes, der Erhebung der Persönlichkeit zu der Höhe des Ideals, welches je nach dem Standpunkte des philosophischen Systemes, dem es entsprungen ist, eine verschiedenartige Färbung besitzt und zwischen Gottähnlichkeit und absoluter Selbstvernichtung in der Geschichte der speculativen Theorien hin- und herschwankt.

Während die Individualethik das Hauptgewicht auf das subjective Moment des Sittlichen, auf die Gesinnung legt, muss die Socialethik ihr Augenmerk mit gleicher Strenge auf das objective Moment desselben, auf die in die Aussenwelt hinaustretende That richten. Die Individualethik beginnt bei der Forderung eines gewissen Zustandes des Subjects, die Socialethik bei der Forderung eines gewissen Zustandes der objectiv existirenden Gesammtheit; jene fordert zuerst eine bestimmte Gesinnung und erst nachher ein bestimmtes Handeln, diese zuerst ein bestimmtes in die Aussenwelt hinaustretendes Handeln und in zweiter Linie eine bestimmte Gesinnung.

Dasjenige, was die Socialethik zuerst von dem Einzelnen fordern muss, ist eine bestimmte Weise des äusseren Verhaltens gegen Andere, denn eine Gesellschaft ist nur möglich unter der Voraussetzung einer sich auf einander beziehenden Aeusserung der Gesellschaftsglieder; das Individuum muss einen Theil seines Selbst veräussern, wenn es zu Anderen in Wechselbeziehung treten will. Die Socialethik fordert daher zuerst eine Handlung von gewisser Qualität, sie bestimmt zuerst den Inhalt, welche diese haben soll, und schreitet von hier erst zu der höheren Forderung eines inneren Verhaltens des Menschen fort. Im Gegensatze zur Individualethik betrachtet sie die empirischen Acte eines Individuums nicht als mehr oder weniger von dem Punkte des ideegemässen Thuns entfernte negative Werthe, sondern sie verleiht bereits einem Handeln, welches irgendwie das objectiv Gute verwirklicht, also irgendwie zur Erhaltung und Förderung der Gesammtheit beiträgt, eine wenn auch noch so geringe positive Bedeutung.[9]) Nicht als ob sie den tiefgehenden Unterschied zwischen rein äusserlichem Thun und dem auf der Hoheit und Reinheit der Gesinnung beruhenden irgendwie verkennen würde; sie ist nur durch das Wesen ihres Principes darauf hingewiesen, ein

[9]) Die Möglichkeit der Bewirkung des objectiv Guten durch den subjectiv schlechten Willen, des objectiv Schlechten durch den subjectiv guten Willen ganz richtig hervorgehoben bei Ahrens, a. a. O. S. 228 ff. Auch das Ungenügende des blos subjectiv Guten richtig betont: „Die reine Absicht, der sogenannte gute Wille, kann nie genügen, da möglicherweise das Verkehrteste darin ausgeführt werden kann.“ Ebd. S. 232.

ethisches Moment bereits da zu finden, wo vor dem Auge der Individualethik noch die finstere Nacht der Unsittlichkeit oder des Indifferentismus liegt. Selbst in jenen Kräften, welche zwar das Böse wollen, aber das Gute schaffen, ist das zu schätzen, was zur Erhaltung und Entwickelung des Ganzen seinen Beitrag leistet.[10])

Lebensbethätigung gemäss der ethischen Norm, das ist die erste und principielle Forderung der Socialethik. Sie verlangt vor Allem das Hinaustreten des Willens in die Aussenwelt; eine Gesinnung, die sich nicht in der das Allgemeine erhaltenden und befördernden That manifestirt, sondern verschlossen im Innern bleibt, hat keinen vollen Werth vor ihr. Mit dieser Hauptforderung ist jedoch schon implicite die zweite eines inneren Verhaltens gegeben, aus welchem die Handlung unmittelbar hervorquillt. Denn eine Gesellschaft, welche aus lauter Mitgliedern besteht, die nur aus wohlverstandenem Interesse, aus fein berechnendem Egoismus sich freiwillig gegenseitig einschränken, ist auch ein Ding, das nur in einer speculativen Phantasie seinen Platz hat, in der Wirklichkeit würde bei der geringsten Erschütterung das künstliche Räderwerk der Interessenharmonie in die Brüche gehen. Die Gesellschaft wäre auf einem sehr unsicheren Fundamente aufgebaut, wenn ihre Functionen aus Kräften hervorgingen, die nur eine äussere Nothwendigkeit von gegenseitiger Zerstörung abhielte. Es lässt sich ein höher organisirtes animalisches Wesen nicht ohne eine in seinen Adern circulirende Flüssigkeit

---

[10]) Hiezu gehört besonders jene Gruppe von Trieben, welche Comte als *„egoïsme indirect"*, Herbert Spencer als ego-altruistische Gefühle (vgl. *Principles of psychology*, 2. Auflage, §§. 519—523) bezeichnet. Auch die utilitarische Moraltheorie, wie sie J. Stuart Mill ausgebildet hat, ist zu der Erkenntniss des positiven Werthes der normgemässen Handlung, aus welcher subjectiven Quelle sie auch fliessen möge, gekommen. Vgl.: Das Nützlichkeitsprincip. Ges. Werke, übersetzt unter der Redaction von Th. Gomperz, I. Bd., S. 147: „Wer einen Mitmenschen vom Ertrinken rettet, thut, was moralisch recht ist, ob nun sein Beweggrund die Pflicht ist oder die Hoffnung, dass er für seine Mühe bezahlt werde; wer einen Freund betrügt, der ihm vertraut, macht sich eines Verbrechens schuldig, selbst wenn seine Absicht wäre, damit einem anderen Freunde einen Dienst zu leisten, gegen den er grössere Verpflichtungen hat."

denken; dass eine stete Bewegung der Säfte im Körper vor sich gehe, ist die erste Bedingung seiner animalischen Existenz überhaupt. Stünde der Mechanismus der Blutcirculation stille, so würde das complicirte organische Gebilde sich bald durch Verwesung in eine formlose Masse auflösen. Aber näher betrachtet, kann der Organismus auch nicht ohne eine gewisse innere Beschaffenheit der Molecüle existiren, welche in seinen Arterien und Venen kreisen. Sie müssen die Fähigkeit besitzen, die Muskeln zu ernähren, die durch den Lebensprocess verbrauchten Substanzen zu erneuern; würde dies nicht der Fall sein, so wäre es ein blosses Scheinleben, das diesen Körper erfüllte, und er würde bald in sich zusammenbrechen. Ebenso setzt die Gesellschaft eine gewisse innere Beschaffenheit ihrer Angehörigen voraus, ohne welche sie zwar vielleicht einige Zeit hindurch Leben und Gesundheit heucheln könnte, jedoch über kurz oder lang in ihre Atome zerfallen müsste.

Wir haben bereits oben von jener Fähigkeit der Hingebung an ein Anderes, dem Altruismus, gesprochen, der in bestimmtem Grade bei den Individuen vorhanden sein muss, wenn es überhaupt zur Gesellung kommen soll. Eine nähere Erforschung dieser Fähigkeit, welcher Art sie ist, wie sie wirkt, das ist bleibende Aufgabe für eine individualethische Untersuchung; denn so wenig die Völkerpsychologie die Individualpsychologie, so wenig soll die Socialethik die Individualethik in dem soeben angeführten Sinne überflüssig machen. Denn Gesellschaft und Individuum sind die beiden Pole des Lebens der menschlichen Gattung, und jeder Versuch, dieses zu entziffern, wird fehlschlagen, wenn er sich in einseitiger Weise auf den einen stützt und den anderen ausser Acht lässt.

Es haben sich Social- und Individualethik sonach in die Erklärung des Sittlichen zu theilen. Jene hat festzustellen, *was* sittlich ist, also das Materiale des Ethischen aufzuzeigen. Diese hingegen hat zu untersuchen, auf welche Art das objectiv Sittliche am sichersten und besten zu verwirklichen ist, also das *formale*, subjective Element desselben zu erforschen. Sie hat im Individuum jene vernünftigen Kräfte zu finden, durch welche das Ethische *unter allen Umständen* zur Erscheinung gebracht werden kann; sie hat sich aber zu hüten, dessen Inhalt aus eigener Machtvollkommenheit bestimmen zu wollen. Alle Construction des Inhalts sittlicher Handlungen bringt nichts zu Wege, als eine gekünstelte Rechtfertigung der zur Zeit geltenden Moralsätze, und alle aprioristischen Tugend- und Pflichtenlehren, welche aus einem speculativen höchsten Principe herausgewickelt werden, bieten nur eine systematische Zusammenstellung der Sätze, welche dem Philosophen von Schule und Leben eingeprägt wurden, und den aus ihnen gezogenen Consequenzen. Der objective Inhalt des Ethischen ist ein historisch wechselnder, wie leicht nachgewiesen werden kann, constant sind blos die individuellen Factoren, welche es verwirklichen. Das Gewissen des Anhängers einer rohen Religion wird durch Unterlassung einer von ihr gebotenen Caerimonie, deren Ausübung den civilisirten Menschen mit Entsetzen erfüllen würde, ebenso zu seiner reagirenden Thätigkeit angeregt, wie das unserige, wenn wir ein uns sittlich erscheinendes Gebot nicht vollziehen.

Den Altruismus haben wir hier blos seiner Wirkung nach kennen gelernt, nicht in seinem inneren Wesen. Es liegt ausserhalb des Kreises dieser Untersuchung, die ursprüngliche ethische Organisation der Einzelgeister zu erkennen. So weit auch die unzähligen Meinungen über das Wesen der individuellen Sittlichkeit unter einander differiren mögen, so stimmen sie doch in dem Punkte überein, dass das Resultat der als sittlich anerkannten Handlung einem anderen als dem handelnden Individuum zu Gute kommt. Ob ein kategorischer Imperativ oder ein absolutes Wohlgefallen an Willensverhältnissen, ob das Mitleid oder die weise Befriedigung des individuellen Begehrens zum Principe der Ethik gemacht wird, in jedem Falle fordert sie ein Aufgeben des sich nur auf das Individuum zurückbeziehenden egoistischen Triebes, ein Hingeben eines Theiles der Persönlichkeit an ein Anderes, sei dieses Andere der Nebenmensch, die Gesellschaft, die Natur oder Gott.

Welche Bedeutung das rein aus altruistischen Motiven entspringende Handeln für die Socialethik hat, ist nun leicht zu erkennen. Das individualethische Princip gebietet die objectiv gute Handlung unter allen Umständen zu vollziehen. Auch aus egoistischen Gründen kann das objectiv Gute erfolgen;

allein nur zufällig, wenn es mit den egoistischen Interessen zusammenfällt, unter anderen Umständen wird dasselbe Motiv zu einer social schädlichen Handlung drängen. Wer z. B. aus Ehrgeiz einem Menschen das Leben mit Gefahr des eigenen rettet, wird vielleicht aus demselben Motive einem Nebenbuhler das Leben rauben. So hat das rein aus ethischen Motiven erfolgende Handeln für die Socialethik den höchsten Werth, wie es den einzigen für die Individualethik besitzt.

Vom Standpunkte der Socialethik lässt sich nach dem vorangehenden eine aufsteigende Reihe des sittlichen Verhaltens entwickeln. Am Anfange dieser Reihe steht der (fingirte) absolut egoistische Mensch, hierauf der, dessen Lebensbethätigung die Coexistenz und Beziehungsfähigkeit der Individuen ermöglicht und die Fortentwicklung der so gegründeten Gesellschaft befördert, dann derjenige, der diese Lebensbethätigung nicht blos äusserlich ausübt, sondern auch innerlich aus dem bewusst oder unbewusst wirkenden ethischen Principe will, endlich der absolut altruistische Mensch, dessen Bild freilich nicht von einer empirischen Wissenschaft entworfen werden kann, da sein Thun sich innerlich und äusserlich auf den Endzweck der Gesellschaft und der Welt überhaupt beziehen muss, dessen Aufsuchung und Feststellung eine der ewigen, stets von Neuem zu lösenden Aufgaben des speculativen Denkens bildet. So deutet auch die Socialethik zuletzt auf den idealen Menschen als den Endpunkt der ethischen Entwickelung hin, nur wagt sie es nicht, das Ideal aus eigenen Kräften näher zu bestimmen, sondern sie sieht hier den Punkt, wo ihre Macht aufhört und wo der Geist sich um Antwort an den metaphysischen Trieb wendet. Hier ist auch der Punkt, wo Individualethik und Socialethik zusammentreffen, denn jener Idealmensch ist zugleich Individuum und Gattung, er ist die vollkommenste Durchdringung und Ineinssetzung von Allgemeinem und Besonderem. Die reine Individualethik gelangt also auch zu dem Allgemeinen, und zwar indem sie den Einzelnen sich nach dem Weltzwecke richten und denselben in sich aufnehmen, indem sie das ἕν sich zum πᾶν erweitern lässt. Nur ist dieses πᾶν ein jenseits aller Erfahrung Liegendes, das mit Annahme oder Verwerfung eines bestimmten philosophischen Systemes steht und fällt. Je nachdem das Princip der Welt als sich ewig gleiche, denkende und ausgedehnte Substanz oder als harmonische Vereinigung zusammenstimmender, in sich geschlossener Einzelwesen, als lebendig sich entwickelnde, in Gegensätzen und Vereinigungen ihre Fülle entfaltende Idee oder als blinder, in der ewigen Nacht der Bewusstlossigkeit herumirrender Wille erfasst wird, wird auch das Bild wechseln, welches uns der Philosoph von dem wahren und ganzen Menschen entwirft.

Die Socialethik schliesst somit sowenig wie irgend eine empirische Wissenschaft die Möglichkeit einer speculativen Erklärung ihrer Probleme aus, sie stellt nur die kategorische Forderung, dass jede anderartige Erklärung, wenn einer solchen überhaupt wissenschaftliche Beachtung zukommen soll, ihr die Feststellung der Mittelursachen überlässt, durch welche jene ihr Princip verwirklicht; auch auf diesem Gebiete muss der Erfahrung ihr unbedingtes Recht ertheilt werden, die Welt der Erscheinung zu erforschen. Unter allen möglichen, das Sittliche erzeugenden Principien sind aber die Gesellschaft und ihre Glieder das einzige, welches nicht ausserhalb des Kreises der Erfahrung liegt und insoferne es überhaupt möglich ist, das Ethische empirisch zu erklären und zu ergründen, ist die Gesellschaft der einzig denkbare letzte Erklärungsgrund. Sie ist die einzige Quelle, aus der sich für jeden verständlich ein Sollen ableiten lässt, während das Zurückgreifen auf ein speculatives Princip erst die Billigung und Anerkennung jedes Einzelnen voraussetzt. Die Zahl derjenigen wird immer beschränkt bleiben, welche davon überzeugt sind, dass die vorhandene sinnliche Welt nur den Zweck habe, der Pflicht als zu bearbeitendes Material zu dienen oder dass uns im Mitleiden die tiefe Wahrheit aufgehe, dass alles ausser uns Seiende im Grunde mit unserem Wesen identisch ist; allein Jeglichem ist es begreiflich zu machen, dass wenn er in der menschlichen Gemeinschaft leben und ihre unzähligen Wohltaten geniessen, wenn er alle Potenzen seines Wesens entwickeln, mit einem Worte, wenn er Mensch sein will, dass er dann auch die Bedingungen wollen muss, auf welchen die menschliche Gemeinschaft und ihre Entwickelung beruht und dass er sich einfügen muss in den geordneten Bau auf einander wirkender Individuen, welche die Gesellschaft bilden.

Gegen die Auflösung aller Ethik in Socialethik könnte der Einwurf gemacht werden, dass von bei weitem dem grössten Theile der Ethiker eine Sphäre der individuellen Sittlichkeit angenommen wurde, jene „eigene Vollkommenheit", welche seit den Tagen der Stoiker als einer der Hauptzwecke des sittlichen Handelns erklärt wurde. Aber auch diese Vollkommenheit ergibt sich nur aus dem Begriff des Ganzen; in ihr liegt die Forderung, die Gesammtheit in ihrer idealsten Auffassung, der Menschheit, als Individuum zu repräsentiren. Jenes Ideal individueller Vollkommenheit ist inhaltlich auch ein historisch wechselndes gewesen, die Vollkommenheit eines homerischen Helden eine andere, als die eines Cato oder Seneca, und ihr Wesen resultirt in letzter Instanz aus dem Wesen und den Zwecken der Gesellschaft in deren historischen Wandlungen. Die individuelle Vollkommenheit enthält daher die — bewusste oder unbewusste — Forderung an das Individuum, sich zu einem solchen Gliede der Gesammtheit empor zu arbeiten, durch dessen gliedliche Beschaffenheit die Erhaltung und Entwickelung der Gesammtheit am besten gefördert werden.

Der Gedanke einer Socialethik, wie er im Voranstehenden entwickelt wurde, ist sehr späten Ursprunges; erst in unserer Zeit werden die ersten wissenschaftlichen Versuche gemacht, Bausteine zu ihr zusammenzutragen. An diesem späten Entstehen trägt die eigenthümliche Entwickelung Schuld, welche die Auffassung des Ethischen in der Geschichte durchzumachen hatte. Diese stand nämlich der socialethischen Betrachtungsweise ursprünglich sehr nahe, entfernte sich jedoch immer mehr von ihr und endete im absoluten Individualismus. Unseren Tagen war es vorbehalten, den richtigen, verloren gegangenen Pfad wieder zu entdecken.

Denn die ethische Speculation der Hellenen bis Aristoteles und der Mosaismus, also die beiden geistigen Hauptfactoren der vorchristlichen Zeit, deren Wirkungen sich noch auf uns erstrecken, waren wesentlich socialethischer Natur. Dort war es der Staat, in welchem sich die Idee des Menschen erfüllte, das Individuum daher nur als thätiges Glied der staatlichen Gesammtheit zu begreifen [10]); hier war es das theokratische irdische Reich, welches den Einzelnen zur thätigen Aufrechterhaltung der göttlich-menschlichen Ordnung aufforderte; für beide war ein bereits vorhandenes, unendlich kostbares Gut zu bewahren, das von seinen Hütern die angestrengteste Aufmerksamkeit verlangte. Erst als mit dem Untergange des griechischen Staatslebens, der sittlichen Degeneration des Römerthums und dem Untergange des palästinensischen Nationalreiches das geistige Streben sich aus der Aussenwelt zurückzog und das Individuum darauf angewiesen war, die Fülle einer verloren gegangenen Welt grosser Zwecke und harmonischer Thätigkeit in der eigenen Brust zu gründen und zu erbauen; als die Befriedigung, welche einst eine thatenvolle Gegenwart und die Verwirklichung grosser Vorsätze dem hoffenden und schaffenden Willen gegeben hatte, in ein hienieden nicht zu erreichendes Jenseits verlegt wurde: da glaubte das Individuum in sich eine ursprüngliche Kraft zu fühlen, die gegebene Welt, die ihm feindlich gegenüberstand, zu überwinden und sich emporzuarbeiten zum Gliede einer höheren Ordnung, da wurde der ethische Schwerpunkt vom Staate in das Individuum verlegt und der Einzelpersönlichkeit eine unendliche Bedeutung verliehen, da war der Boden für eine Individualethik geebnet. Wie die ganze Erdenwelt, so ist auch der Staat und die Gesellschaft überhaupt nur ein trüber Widerschein eines himmlischen Reiches, der nicht zu activer Theilnahme, sondern zu passivem indifferenten Verhalten auffordert. So wird die wahre Gesellschaft auch in's Jenseits verlegt und dem Einzelnen Pflicht und Recht nach der in jenem überirdischen Reiche herrschenden Ordnung ertheilt. Daher die Gleichgiltigkeit, welche das Urchristenthum gegen den Staat, die Familie, die Oekonomie zeigt, eine Gleichgiltigkeit, deren grosse welt-

[10]) Das griechische „Ethos erscheint nicht als Aufgabe des Einzelnen, sondern des Ganzen, es ist ein Allgemeines (Objectives) an die Welt gerichtet; den Menschen trifft es nur als Glied derselben. Es fordert daher nicht sein Handeln (für sich betrachtet), sondern das Bestehen der sittlichen Ordnung im Ganzen, die Reinheit der geistigen Welt". Stahl, die Philosophie des Rechts 3. Aufl. I. Bd. S. 44.

historische Wirkung nicht unterschätzt werden darf. Denn die Idee der Gleichheit und Brüderlichkeit der Menschen, die über trennende Unterschiede des Volkes, der Bildung und des Standes hinüberragt, die allumfassende Humanität hätten nie im Bewusstsein der Menschen so tiefe Wurzeln schlagen können, wenn nicht auf einige Zeit das vergessen worden wäre, was, indem es einem beschränkten Kreise menschlicher Verhältnisse eine lebensvolle Innerlichkeit verleiht, ihn zugleich nach aussen in Antagonismus gegen andere setzt.[11])

Als die Speculation sich aus den theologischen Banden wieder losgerungen hatte, war es ein anderes Moment, das sie auf ethischem Gebiete dem Individualismus huldigen liess. Mit der Reformation beginnt nämlich der grosse Kampf des Individuums gegen die politischen und socialen Mächte, welche es zu erdrücken suchen. Da wird denn die ursprüngliche Selbstständigkeit des Individuums gegenüber diesen Mächten betont und sie zugleich als von seinem freien Willen abhängige Institutionen hingestellt. Bis zur französischen Revolution, bis auf Kant und Fichte geht dieser Drang, das Individuum zu befreien und in ihm den Grund der Welt zu finden.

Der Weg zur richtigen Erkenntniss wurde erst in unserem Jahrhunderte betreten, als einerseits die vertiefte historische Forschung die Abhängigkeit des Einzelgeistes von den geschichtlichen Mächten lehrte, welche sich unabhängig von der Willkür und dem Bewusstsein des Individuums bilden und als andererseits die Speculation seit Schelling eine auf das Objective gerichtete Wendung nahm. Damit wurde für die Ethik das Suchen nach einem objectiven Principe begründet, welches vorerst freilich ein speculatives war. Das gilt nicht nur von jenen Schulen, welche das Ethische unmittelbar aus

---

[11]) Auch die christliche Ethik ist im Grunde Socialethik, aber transcendente, denn die Tugenden, welche der Einzelne zu üben hat, haben den verborgenen Zweck, die vollkommene Harmonie des Gottesreiches herbeizuführen. Die Idee dieser transcendenten Gesellschaft bestimmt das Wesen desjenigen, der darin seinen Platz finden will. Auf die diesseitige Gesellschaft angewendet, würden die zur Verflüchtigung des Ich durch Mangel einer jeden Selbstbehauptung gegen äussere Angriffe führenden christlichen Tugenden zur Auflösung durch ein Uebermass von Altruismus führen.

ihrem Weltprincipe ableiten; auch jenes Wesen des Menschen, das z. B. die Krause'sche Schule und Trendelenburg als Ausgangspunkt der Ethik setzen, war kein historisch und psychologisch erforschtes, sondern ein speculatives, was aus sich das deduciren liess, was man eben deduciren wollte. Gerade in unserer Zeit, die das Seiende immer mehr als ein Gewordenes aufweist, sollte man sich hüten, Institutionen des Rechtes und der Sitte als nothwendige Consequenzen der ewigen Menschennatur hinzustellen, die Entdeckungen der nächsten Tage können das ganze Kartenhaus solcher Systeme umblasen.[12])

Auch diesen auf ein objectives Princip gegründeten Systemen haftet indess noch ein guter Theil des alten Individualismus an. Die Art der Verwirklichung des Guten wird von ihnen meistens noch immer dem subjectiven Gutdünken überlassen. So ist z. B. für Hegel, dessen Erfassung der Familie, der Gesellschaft und des Staates als objective, das Individuum ergreifende und bildende sittliche Mächte wohl zu den tiefsten und bleibendsten seiner Ideen gehört, dennoch die Moralität, d. h. die subjective Verwirklichung des Guten ganz dem Gutdünken des Individuums überlassen, nach Stahl ist die Moral das Ethos des Einzelnen, nach Ahrens (Krause) ist die Sittlichkeit vorwaltend eine subjective Verwirklichung des Guten. Man muss Oettingen beistimmen, wenn er bemerkt, dass die neueren Versuche, das sittliche Gemeinschaftsleben wissenschaftlich zu erklären, tastende Unklarheit und unaufgelösten Widerspruch zeigen. „Auf keinem Gebiete der Geisteswissenschaften, die Psychologie vielleicht ausgenommen, die darin mit der Ethik verwandt ist, herrscht eine solche Confusion, eine solche Willkürlichkeit der Methode, ein solches phrasenhaftes Deduciren und Construiren, als in der Ethik, der philosophischen, wie der theologischen. So lange das

[12]) So hat kürzlich Adolf Wagner: Allgemeine oder theoretische Volkswirthschaftslehre, erster Theil, Grundlegung, Leipzig und Heidelberg 1876, S. 431 ff. in schlagender Weise die Unhaltbarkeit aller Theorien nachgewiesen, welche das Eigenthum aus dem Begriff und Wesen der menschlichen Persönlichkeit deduciren wollen; nicht eine absolute, sondern eine historisch-ökonomische Kategorie ist jene angeblich aus der ewigen Menschennatur folgende Institution.

Moralische als ein Gebot rein persönlichen, individuellen Lebens betrachtet wird, erscheint auch die Ethik individualistisch zerfetzt und zerrissen."[13]) Oettingen selbst hat die Nothwendigkeit einer Socialethik erkannt und sucht dieselbe auf Grund der Daten der Moralstatistik, welche die Regelmässigkeit der socialen Handlungen der Menschen lehrt und auf eine dieselben beherrschende Gesetzmässigkeit hindeutet, aufzubauen. Allein seine Untersuchung ist keine voraussetzungslose; sie hat den ausgesprochenen Zweck, „dem wahren, christlich-kirchlichen, wenn man will, lutherischen Realismus eine tiefe wissenschaftliche Begründung geben zu können."[14]) Das Resultat steht schon von Anfang an fest; die geforderten Sätze müssen sich ergeben, was bei der Biegsamkeit und Dehnbarkeit, welche die Deutung statistischer Daten zulässt, nicht allzu grosse Mühe verursacht. Indess hat dieses Werk das grosse Verdienst, die Unzulänglichkeit des Individualismus für die Lösung der ethischen Probleme in eindringlichster Weise dargelegt zu haben.

Ein consequenter Ansatz zur Socialethik ist unter den jetzt in Deutschland herrschenden philosophischen Schulen nur in der Herbart'schen zu finden, und zwar in der von ihr ausgehenden Völkerpsychologie, welche des Verhältniss des Allgeistes zum Einzelgeiste auf allen, also auch dem ethischen Gebiete zu erforschen hat; welche daher auch hier den Indi-

---

[13]) A. a. O., S. 57.

[14]) A. a. O. Vorrede, S. VI. Zur Forderung einer Socialethik kommt von den Oettingen'schen diametral entgegengesetzten Anschauungen über das Christenthum, F. A. Müller, der das subjective Princip der Liebe, auf dem die christliche Ethik aufgebaut ist, durch das objective der Solidarität zu ergänzen und zu vertiefen für nöthig hält. Das Wesen der Solidarität findet er sehr richtig darin, „dass der Einzelne nicht nur seinen egoistischen Willen behufs des allgemeinen Wohls beschränkt, sondern dass es demselben auch positive Impulse gibt zu Leistungen, welche nur höchst indirect in einem verschwindend kleinen Bruchtheil oder auch gar nicht dem Leistenden zu Gute kommen. Das Wesen der Solidarität ist also der Bruch mit dem exclusiven Egoismus und der Erweiterung der Selbstsucht auf das solidarische Ganze, als auf das eigentliche und wahre „„Selbst"" statt des bisher dafür gehaltenen „„Ich"". Briefe über die christliche Religion. Stuttgart 1870, S. 265.

vidualismus des Meisters zu überwinden bestrebt ist. In präciser Weise hat Steinthal die Stellung der Völkerpsychologie zur Ethik gekennzeichnet: „„„Ich““ wird von uns nicht als Ich Ich gedacht, sondern als eingeschlossen in einem „„Wir““, einem Gemeingeist, der wahrhafte geistige Wirklichkeit hat.... Wir beginnen also die Ethik nicht mit dem Einzelnen und suchen Verhältnisse in ihm, welche als löblich erkannt werden, um dann weiter zu gehen zu Verhältnissen zwischen ihm und dem anderen Einzelnen, um endlich die erhabene Hypothese einer beseelten Gesellschaft zu machen. Uns ist vielmehr diese das Erste, und sie das wahrhaft Wirkliche; in ihr wurzelt der Geist des Einzelnen, mit ihm müssen wir beginnen. So sind die in ihrer Fülle unerschöpflichen sittlichen Verhältnisse von Anbeginn gesetzt und die innere Freiheit des Einzelnen, welche alle Ideen um schliesst, erscheint zuletzt. Der Freie ist Frucht und Ziel der begeisteten Gesellschaft, und Jeder in ihr hat Jeden zum Zweck, und Alle das Ganze.“[15]) Hiermit ist im Allgemeinen das richtige Princip für die Ethik ausgesprochen; die Völkerpsychologie wird nun in Detailarbeiten seine Richtigkeit darzuthun haben.

Eine compactere Gestalt als in Deutschland hat die sociale Auffassung der Ethik in Frankreich und England gefunden, und zwar in jenem Lande hauptsächlich durch Auguste Comte, der trotz der zahlreichen und schwerwiegenden Irrthümer seiner positiven Philosophie zu denjenigen gezählt werden muss, welche das sichere Fundament zu einer wissenschaftlichen Lehre von der Gesellschaft gelegt haben. Der Grundgedanke der Socialwissenschaft kann schwerlich in schärferer und vielleicht auch paradoxerer Weise ausgesprochen werden, als es ein Schüler Comte's in folgenden Worten gethan hat: „*L'homme isolé et individuel n'est qu'une abstraction qui n'existe que dans les livres de philosophie. Il n'y a de réel que l'Humanité.*“ [16]) Ist das „*vivre pour autrui*“ das Princip der Ethik, so kann diese nur als sociale begriffen werden.

---

[15]) Zeitschrift für Völkerpsychologie und Sprachwissenschaft. VIII. Bd., S. 382 und 383.

[16]) C. de Blignières, *Exposition agrégée et populaire de la philosophie et de la religion positive.* Paris 1857, S. 465. Einer utilitarischen

Die englische Philosophie, welche sich von dem Boden der Erfahrung nie so weit entfernt hatte, als ihre deutsche Schwester, betrat schon früh den Weg, der zur richtigen Erkenntniss der sittlichen Erscheinungen führt. Schon am Anfange des vorigen Jahrhunderts zeigten sich bei Shaftesbury deutliche Keime einer Socialisirung der Ethik[17]) und so unvollkommen und der tieferen Begründung entbehrend die Systeme der englischen Moralisten der Aufklärungsepoche gewesen sein mögen, so wird doch in ihnen der Zusammenhang der ethischen Normen mit den realen Zuständen der Gesellschaft nie aus den Augen verloren. An die von Hume und Bentham aufgestellte Utilitätsmoral anknüpfend, hat in unserer Zeit J. St. Mill dadurch, dass er den schwankenden zweideutigen und stark subjectivistischen Begriff des Nutzens umbildete und vertiefte, einen beachtenswerthen Versuch wissenschaftlicher Lösung der ethischen Probleme gemacht. Auch H. Spencer, der zufolge des Programmes seiner synthetischen Philosophie die Principien der Ethik in eingehender Weise zu behandeln gedenkt, kann nach seinen bisherigen Ausführungen den Socialethikern beigezählt werden.[18])

Eine wesentliche Unterstützung erfährt die Socialethik von der positiven Wissenschaft. Einerseits von der Naturwissenschaft, welche bestrebt ist, die Darwin'sche Hypothese als Weltgesetz zu erweisen und daher auch ihre Giltigkeit innerhalb der Gesellschaft aufzeigen will. Auch die Sittlichkeit muss zufolge dieser Theorie als ein Gewordenes und zwar als ein von der Natur und Gattung Erzeugtes erscheinen, welches auf dem Wege der Ererbung und Erziehung zu einer die Individuen beherrschenden Macht wird. Andererseits von

---

Ansicht zuneigend, bezeichnet J. G. Courcelle-Seneuil das objective Princip der Ethik richtig: „*La morale se compose de l'ensemble des préceptes par l'observation desquels les individus et l'humanité se conservent et grandissent.*" *Études sur la science sociale.* Paris 1862, S. 326.

[17]) Vgl. G. v. Gizycki, die Philosophie Shaftesbury's. Leipzig und Heidelberg 1876.

[18]) Vgl. H. Spencer, *First Principles. Second edition.* London 1867, p. XIII, XIV, ferner *The study of sociology,* bes. Chap. VIII, dann in den *Principles of psychology,* 2. Aufl., §. 503 ff. Auch in mehreren Essais hat der genannte Autor die Grundzüge seiner ethischen Anschauung dargelegt.

der Ethnologie, welche die Erscheinungsformen des Sittlichen bei Völkern der verschiedensten Culturstufen erforscht, dessen Zusammenhang mit den physischen und socialen Bedingungen, unter denen es auftritt, darthut, die verschiedenen Richtungen, welche seine Entwickelung nehmen kann, andeutet. Die innige Beziehung der Ethnologie zur ethischen Wissenschaft hat Tylor klar ausgesprochen, indem er behauptet: „Wenn erst die ethischen Systeme der Menschheit von der niedersten Wildheit aufwärts analysirt und nach ihren Entwicklungsstufen geordnet sind, dann wird die ethische Wissenschaft sich von der bisherigen zu ausschliesslichen Beziehung auf einzelne Phasen der Sittlichkeit, die ganz ohne Grund als Repräsentanten der Sittlichkeit im Allgemeinen betrachtet wurden, freimachen können, sie wird im Stande sein, die lange und verwickelte Geschichte von Recht und Unrecht in der Welt mit Hilfe exacter Methoden einer strengen Prüfung zu unterwerfen.“ [19]) Ferner von der Nationalökonomie, und zwar besonders von der neuen socialrechtlichen Richtung derselben, die Schäffle ausdrücklich auf den socialethischen Standpunkt erheben will. [20]) Die Wagner'sche Kritik der Begriffe der persönlichen Freiheit und des Eigenthums, welche dieselben als social bedingte und wandelbare nachweist, hat eine grosse Bedeutung für Rechtsphilosophie und Ethik, weil sie einen der schärfsten Angriffe gegen den hier eingewurzelten uralten Dogmatismus bildet. Den Grundsatz der Socialethik spricht Schäffle treffend aus, wenn er sich zu der Ansicht bekennt, „dass die Thatsachen der Ethik, obwohl sie unter dem mächtigen Einfluss des idealen und religiösen Grundzuges unserer geistigen Natur sich entfalten, dennoch inhaltlich dem Gebiet der empirischen Entfaltung unserer socialen

---

19) Edward B. Tylor, die Anfänge der Cultur. Deutsch unter Mitwirkung des Verfassers von J. W. Spengel und Fr. Poske Leipzig 1875, II. Bd., S. 452.

20) A. E. F. Schäffle, Bau und Leben des socialen Körpers. Encyklopädischer Entwurf einer realen Anatomie, Physiologie und Psychologie der menschlichen Gesellschaft mit besonderer Rücksicht auf die Volkswirthschaft als socialen Stoffwechsel. II. Das Gesetz der socialen Entwicklung. Tübingen 1878, S. 79, 80.

Natur angehören. Den Körper des Ethischen bildet das sociale Thun und Lassen, die „„Materialprincipien““ der Ethik sind empirischer Art“[21]) und er ist bestrebt, die Entstehung und Entwickelung dieser Materialprincipien in dem Leben der Gesellschaft nachzuweisen.[22])

So ist denn alle Aussicht vorhanden, dass durch das Zusammenwirken der Psychologie, der Natur- und der Socialwissenschaft der Ethik endlich die wissenschaftliche Basis gegeben wird, welche sie länger entbehren musste, als irgend ein anderer Zweig menschlicher Erkenntniss. Sie wird muthig den Weg betreten, auf dem sie allein eine würdige Schwester der anderen Wissenschaften werden kann, unbekümmert um die Phrasen Derjenigen, welche den der Menschheit unsterblich innewohnenden Idealismus an die morschen Gebäude ihrer aprioristischen Constructionen gekettet glauben.

---

[21]) A. a. O. I. Bd., S. 583.
[22]) A. a. O. I. Bd., S. 581 ff., II. Bd., S. 59 ff.

Zweites Capitel.

Das Recht.

Die aus den Seins- und Entwickelungsbedingungen der Gesellschaft fliessenden, an den menschlichen Willen sich zu ihrer Verwirklichung richtenden Normen haben wir als den objectiven Inhalt des Ethischen erkannt. Wenn wir nun bei einem historisch bestimmten Gesellschaftszustande nach den Normen fragen, deren Befolgung die fortdauernde Existenz eines solchen Zustandes möglich macht, so erhalten wir das Recht dieser Gesellschaft. Das Recht ist nichts Anderes, als das ethische Minimum. Objectiv sind es die Erhaltungsbedingungen der Gesellschaft, soweit sie vom menschlichen Willen abhängig sind, also das Existenzminimum ethischer Normen, subjectiv ist es das Minimum sittlicher Lebensbethätigung und Gesinnung, welches von den Gesellschaftsgliedern gefordert wird.

Ich spreche von den Existenzbedingungen eines historisch bestimmten Zustandes. Denn das Recht ist ein historisch nach den Existenzbedingungen der verschiedenen Gesellschaftszustände sich Aenderndes. Als ewiges, absolutes Recht könnten nur die dürftigen Normen erscheinen, ohne deren Befolgung auch nicht einmal das Zustandekommen der primitivsten Form menschlicher Gesellung denkbar ist. Je complicirter und ausgedehnter die Art und Form der socialen Beziehungen zwischen den Individuen wird, je zahlreicher und intensiver die Zwecke werden, welche Einzelner und Gesammtheit durch die Gemeinschaft erreichen wollen, desto grösser wird die Zahl der sich an den Willen richtenden Bedingungen, durch welche die ungestörte Erhaltung eines solchen complicirten Ganzen möglich ist. Daher hat jeder Gesellschaftszustand sein eigenes Recht; daher ist das Recht nothwendigerweise historisch und national verschieden. Gemeinsam ist allem Rechte nur der conservative Charakter und die Proportion, in welcher es zum Ethischen steht. Das Recht verhält sich nach dieser Auffassung wie der Theil zum Ganzen, wie das Fundament zum Gebäude.

Dass dem Rechte der Zweck innewohnt, einen bestimmten Zustand der Gesellschaft zu erhalten, indem es ein zu dessen ungestörter Existenz notwendiges Gut durch befehlende oder verbietende Normen für das menschliche Handeln schützt, ist ein Satz, der eines stricten Beweises kaum bedarf. Man möge ihn nur bei einer jeden beliebigen Norm irgend eines Gesellschaftszustandes erproben und man wird immer finden, dass der Zweck, der jene in's Bewusstsein emportrieb, die ausgesprochene oder versteckte Absicht der Erhaltung eines Gutes war, mögen die Mittel hiezu oft auch noch so unpassend gewesen sein und mag das Gut auch nur einen individuellen und keinen socialen Werth besessen haben. Ob der Despot seiner grausamen Natur entsprungene, schreckensvolle Befehle erlässt, ob ein abergläubisches und unduldsames Volk Zauberei und Ketzerei mit dem Tode bedroht, ob der moderne Culturstaat minutiöse Bestimmungen über Organisation der Schulen, Eisenbahnen, Banken u. s. w. erlässt, immer handelt es sich, wenigstens nach der Meinung der rechtssetzenden Gewalt, um die Conservirung eines werthvollen oder doch für werthvoll gehaltenen Objectes, sei dies nun unumschränkte Willkür, Glaubenseinheit, Leben, Eigenthum, Bildung, Verkehrssicherheit. Für die Socialethik wird also das Recht, als das erhaltende Moment, das Minimum der Normen eines bestimmten Gesellschaftszustandes bilden, d. h. diejenigen Normen umfassen, welche die unveränderte Existenz eines solchen sichern.

Am deutlichsten tritt der sittliche Charakter des Rechts als eines ethischen Minimums in den uralten Gesetzen einer frühen Sittlichkeit auf, wie sie der Dekalog und die fünf Hauptgebote des Buddhisten darbieten. Wenn wir bei dem ersteren, der den Grundstock der ethischen Begriffe der modernen Culturvölker bildet, von den auf das Verhalten des Menschen zu Gott bezüglichen Geboten absehen, so finden wir in ihm hauptsächlich die Grundnormen, auf welchen die Rechtsordnung eines jeden nur einigermassen civilisirten Volkes beruht. „Ehre Vater und Mutter.“ „Du sollst nicht morden, nicht stehlen, nicht ehebrechen, nicht falsches Zeugniss ablegen.“ Also die Heiligkeit der Familie, die Unantastbarkeit der Person, des Eigenthums, der Ehe, der auf dem Glauben an das Wort des Nächsten beruhende sittliche und materielle Verkehr werden durch diese Gebote geschützt und erhalten. Ebenso befehlen die buddhistischen Gebote, die jeder Laie zu befolgen hat, kein Lebendiges zu tödten, nicht zu stehlen, nicht Unkeuschheit zu treiben und nicht zu lügen.[1]) Diese Grundgebote drängen den schrankenlosen egoistischen Trieb auf das Mass zurück, wo er nicht mehr die Existenz der allgemein nothwendigen socialen Institute und Güter gefährdet. Je weiter die Culturentwicklung eines Volkes vorwärtsschreitet, um so grösser wird die Zahl solcher zur Erhaltung des Ganzen und der Theile nothwendigen Normen, um so breiter damit die sittliche Basis des Rechts.

Der hier aufgestellten Definition des Rechts stellt sich eine grosse Zahl althergebrachter Einwürfe entgegen. Es sollen im Folgenden die wichtigsten berührt werden.

Vor allem ist es die am Anfange des vorigen Jahrhunderts aufgetauchte Theorie über das Verhältniss des Rechts zur Sittlichkeit, wonach jenes nur auf dem äusseren Verhalten der Menschen gegen einander einer allgemein geltenden Regel gemäss beruht, diese sich jedoch auf die innere und äussere Verwirklichung des sittlichen Principes gründet, eine Theorie, die lange Zeit ausschliesslich die Herrschaft besass und heute noch nicht zu den überwundenen gezählt werden darf. Sie hat ihren Ursprung in der atomistischen Auffassung der Gesellschaft, wie sie die Aufklärungsepoche in England und Frankreich hervorgebracht hat. Die Gesellschaft ist in dieser Auf-

---

[1]) Vgl. C. F. Koeppen, die Religion des Buddha und ihre Entstehung. Berlin 1857, S. 414.

fassung nicht ein Naturnothwendiges, sondern ein auf dem freien Willen der Einzelnen Beruhendes; ein Vertrag ist ihre Basis, in dem die Individuen so viel zu thun und zu lassen versprechen, als zur Existenz des Gemeinwesens unumgänglich nothwendig ist. In dem grossen Kampfe der Geister gegen die jede freie Entwickelung des Individuums niederdrückende Gewalt des Staates und seiner Machthaber kam es nicht zu der Erkenntniss, dass an der Schöpfung der socialen Bande das reflectirende Bewusstsein nur einen sehr geringen Antheil hat. Jener unhistorische Rationalismus, der alles Geschehen auf religiösem, staatlichem und geschichtlichem Gebiete auf die zweckbewusste Thätigkeit der Einzelnen zurückführen will und keine Ahnung hat von den Mächten, die den Einzelnen ohne sein Wissen und Wollen bestimmen, hing tief zusammen mit dem gewaltigen Gegendrucke, den das Individuum gegen eine der historischen Entwickelungsstufe der Gesellschaft nicht mehr passende Ordnung auszuüben hatte. Da musste es seine Selbstständigkeit gegenüber der Gewalt behaupten, musste die Herrschenden daran erinnern, dass es so gut, wie sie zu den Zwecken gehöre, die durch die staatliche Gemeinschaft zu fördern sind. In der Zeit des Gewissensdruckes, der immer wiederkehrenden Versuche der Knechtung des Geistes musste der Mensch seine innere Welt abschliessen und jede kategorische Forderung an dieselbe von Aussen als unberechtigt erklären. In dieser inneren Welt wollte er sein unumschränkter Herr sein, nur die Aeusserungen seines Inneren, soweit sie sich auf Andere bezogen, sollten von Anderen gerichtet werden dürfen, was sich aber in dem Mikrokosmus selbst regte und bewegte, war nur für ihn da. Ohne zu ahnen, welche lange Reihe historischer Ursachen vorangegangen sein musste, um das Individuum auf diesen Standpunkt zu erheben, verlangte es einen neuen gesellschaftlichen Zustand, der seinen Forderungen die Anerkennung brächte, dass sie einem ursprünglichen Rechte des Menschen entstammen, einem Rechte, das ihm angeboren ist, und nur durch den Missbrauch der Gewalt im Laufe der Geschichte verloren ging, einem Rechte, das für jeden gilt, ohne Unterschied der Abstammung, des Glaubens, der Lebensstellung. Diesem gewaltigen Individualismus, der in seiner imponirenden Einseitigkeit die moderne Zeit emportrieb und den socialen Schwerpunkt in das Individuum verlegen wollte, wie es einst das Christenthum mit dem ethischen gethan hatte, entstammt die Ansicht von der Trennbarkeit des Rechts von der Sittlichkeit. Da das Recht nur den Zweck hat, das Individuum einzuschränken, welches sich als ein unendliches, als die schöpferische Bedingung der Welt fühlt (welches Gefühl in der Fichte'schen Philosophie seinen höchsten speculativen Ausdruck gefunden hat), so ist es, wie alles von Aussen Kommende, nicht der Subjectivität Entsprungene, ein Mechanisches, das zu dem Inneren in keiner Beziehung steht. Nur damit die Freiheit und innere Selbstständigkeit Aller gewahrt werden könne, nur um die mechanische Basis zu erhalten, auf der sich die organische Entwickelung des Ich ungestört vollziehen kann, muss jeder einen Theil der ihm möglichen Handlungen unterlassen. Das ist die Maxime der Coexistenz, welche die Grundlage des Rechts nach der Ansicht Kant's und in noch schrofferer Einseitigkeit in der Fichte's bildet. [2])

---

[2]) Allerdings steht Kant mit seinen Ansichten über die Gesellschaft bereits hoch über den Anschauungen der englisch-französischen Aufklärung. Indem er, befruchtet von dem bereits in der Leibniz-Wolffischen Philosophie liegenden Gedanken der Entwickelung, die menschliche Gesellschaft als das Werkzeug eines verborgenen Planes der Natur ansah, welche die Vernunftanlagen des Menschen nicht im Individuum, sondern nur in der Gattung zur Entwickelung bringt, schreitet er über den einseitigen Individualismus weit hinaus. Ja, er erkennt sogar, dass die Eigenschaften, welche vom Standpunkte seiner Ethik zu verdammen sind, eine vorwärts treibende Kraft in dem Wachsthum der Gattung bilden, und dankt der Natur für die Unvertragsamkeit, für die missgünstig wetteifernde Eitelkeit, für die nicht zu befriedigende Begierde zum Haben oder auch zum Herrschen, die sie dem Menschen eingepflanzt hat. (Vgl. Ideen zu einer allgemeinen Geschichte in weltbürgerlicher Absicht.) Aber seine Geschichtsphilosophie und seine Sittenlehre stehen unvermittelt neben einander. Dort kann nur die Gattung das Menschenideal verwirklichen, hier wird von dem Individuum die allmälige Verwirklichung des Ideals verlangt (worauf sich das Postulat der Unsterblichkeit gründet); dort ist das grösste Problem für die Menschengattung die Erreichung einer allgemeinen, das Recht verwaltenden bürgerlichen Gesellschaft, einer allgemeinen, alle Glieder der Menschheit umfassenden Rechtsordnung als das Endziel der moralischen Entwickelung hingestellt, hier ist das echt, weil es gegen die Triebfedern der Handlung gleichgiltig ist, auch moralisch indifferent.

Nachdem die deutsche Philosophie einmal den trennenden Schnitt zwischen Recht und Moral gethan hatte, setzte sich diese Trennung bald in dem allgemeinen Bewusstsein fest, um so mehr, als sie auch von demjenigen Systeme, welches noch heute auf die Juristen den grössten Einfluss hat, insoferne aufrecht gehalten wurde, als es das abstracte Recht (Privat- und Strafrecht) vor der Moralität und der Sittlichkeit entstehen liess. Zwar sind seither viele Versuche unternommen worden, Recht und Sittlichkeit wieder zu vereinigen, aber die Nachwirkungen des alten Individualismus lassen meistens die richtige Erkenntniss nicht in vollem Umfange aufkommen, weil die alte Trennung dadurch nicht überwunden wird, dass beide wesentlich verschiedene Arten der Verwirklichung des Guten sein sollen.

Die ethische Qualität des Rechts hat unter den Individualisten Herbart dadurch gewahrt, dass es nach ihm unmittelbar aus einer der fünf ethischen Ideen entspringt. Es ist hier nicht der Ort zu untersuchen, ob die individuelle Quelle des Sittlichen ein absolutes Wohlgefallen an vorgestellten Willensverhältnissen sei, allein die Ableitung des Rechts aus dem Missfallen am Streite wird auf keinen Fall genügend sein, alle Erscheinungen des Rechts zu erklären, vornehmlich aus dem Umstande, dass das Recht durchaus nicht den Streit ausschliesst. (Wie wäre in Consequenz dieser Auffassung ein „Rechtsstreit“ überhaupt nur denkbar!)

Der richtigen Erkenntniss des Verhältnisses zwischen Recht und Sittlichkeit ist ein anderer Denker sehr nahe gekommen, der trotz der Annahme eines objectiv-transcendenten Principes der Moral in Bezug auf die Auffassung der Gesellschaft im crassesten atomistischen Individualismus stecken geblieben ist. Ungeachtet der substantiellen Einheit aller Wesen im weltschöpfenden Willen ist nämlich nach Schopenhauer das Individuum, welches einer vorzeitlichen transcendenten That seine Existenz als Erscheinung verdankt, das einzig Reale, daher auch die menschliche Vereinigung als dem bewussten Wollen der Einzelnen entsprungen zu denken ist. Vom Standpunkte der Schopenhauer'schen Moraltheorie sind die Begriffe Recht und Unrecht insoferne moralischen Ursprunges, als sie im Naturzustande, wo vom Juridischen noch keine Rede sein kann, als moralische Begriffe gelten. „Sie sind nämlich auf der Scala der höchst verschiedenen Grade der Stärke, mit welcher der Wille zum Leben sich in dem menschlichen Individuum bejaht, ein fester Punkt, gleich dem Gefrierpunkt auf dem Thermometer, nämlich der Punkt, wo die Bejahung des eigenen Willens zur Verneinung des fremden wird.“[3]) Das Recht, als die Negation des ursprünglichen Unrechts, schliesst unter allen möglichen Handlungen diejenigen aus, welche ein fremdes Leiden hervorrufen können; es entspringt moralisch dem ersten Gebote der allein ethischen Triebfeder des Mitleides, welches uns zuruft: *Neminem laede, imo omnes, quantum potes, adjuva.*[4]) Dieses „*Neminem laede*“, welches die moralische Grundlage des Rechts bilden soll, ist in dieser Fassung also in der That das ethische Minimum.

Der Schopenhauer'schen Lehre von der Negativität des Rechts steht ein anderer Versuch der Vereinigung von Recht und Moral nahe, der von den allerentgegengesetztesten Principien aus unternommen wurde. So wenig nämlich Stahl mit dem genannten Denker gemein haben mag, so merkwürdig ist seine Berührung mit demselben in diesem Punkte: „Die den Lebensverhältnissen innewohnenden sittlichen Ideen hat nun aber das Recht nicht ihrem ganzen Umfange nach in sich aufzunehmen. . . . . Vollends aber in dem gegebenen Zustande der menschlichen Natur, der Trennung des Gemeinwillens und Einzelwillens und der Unlauterkeit beider muss sich der Umkreis des Gemeinzustandes und sohin des Rechts auf das Negative beschränken, d. i. das Recht hat die sittlichen Ideen eines jeden Institutes nicht in ihrem positiven Inhalt zu realisiren, sondern nur in ihren äussersten Grenzen zu wahren, nur soweit, dass der Begriff derselben erhalten bleibe, nicht das Entgegengesetzte eintrete. Die Moral realisirt diese Ideen in ihrem ganzen Umfange und von ihrer positiven Seite, das Recht dagegen nur von ihrer negativen Seite, nur in ihrer äussersten Grenze. Beides nun, dass das Recht den

---

[3]) Die Welt als Wille und Vorstellung. I. Sämmtl. Werke, 2. Bd., S. 403.

[4]) Ebds. §. 62. Preisschrift über die Grundlage der Moral. W. W. 4. Bd., §. 17.

sittlichen Inhalt bewahre, durch die sittlichen Ideen bestimmt sei, und dass es diese Ideen nicht weiter, als es seines Bereiches ist, in sich aufnehme, ist gleich nothwendig für seine wahre Bestellung."[5]) Dadurch, dass Stahl nur das Recht als Gemeinethos gelten lässt, die Sittlichkeit hingegen in echt individualistischer Weise behandelt, wird ihm die richtige Proportion beider nicht völlig klar, was nur möglich ist, wenn man alles Ethos als Gemeinethos begriffen und erkannt hat, dass auch das individuelle Ethos nur aus dem gemeinsamen abzuleiten und zu verstehen ist.

Noch zwei hervorragende Versuche, eine gemeinsame Basis für Recht und Sittlichkeit zu finden, mögen hier erwähnt werden. Erstens der Krause's, welcher das Recht als das organische Ganze der von der Willensthätigkeit abhängigen Bedingungen zur Verwirklichung der Gesammtbestimmung und der darin enthaltenen besonderen Lebenszwecke des Menschen und der menschlichen Gesellschaft auffasst, ferner die Trendelenburg'sche, wonach das Recht im sittlichen Ganzen der Inbegriff derjenigen allgemeinen Bestimmungen des Handelns ist, durch welche es geschieht, dass das sittliche Ganze und seine Gliederung sich erhalten und weiter bilden kann. Beide Erklärungen leiden an dem gemeinsamen Fehler, dass sie zu weit sind, indem sie eben so gut oder vielmehr mit grösserer Berechtigung auf die Sittlichkeit überhaupt angewendet werden können; sie machen beide das Recht zu sittlich.

Zur richtigen Erkenntniss werden wir gelangen, wenn wir uns vor Augen halten, dass die Socialethik vor allem Lebensbethätigung gemäss der sittlichen Norm fordert, dass ihre erste Forderung an das Individuum die normgemässe Handlung ist. Nicht nur die Rechts-, sondern jede ethische Norm heischt zu ihrer Verwirklichung mindestens ihre äusserliche Befolgung. Während die höchste Erfüllung der Norm darin besteht, dass sie innerlich als Maxime der Gesinnung aufgenommen wird, so dass sie zum stärksten Motiv gegen alle entgegengesetzte Antriebe wird, ist jene äussere Bethätigung derselben zufolge der Ausführungen des vorigen Capitels das

[5]) A. a. O., S. 205, 206.

Minimum dessen, was sie von dem Menschen verlangt. Wenn man die Sittlichkeit ganz in die Sphäre der menschlichen Innerlichkeit verlegt, dann ist freilich keine organische Verbindung zwischen ihr und dem Rechte möglich.

Dem widerspricht jedoch die ganze historische Entwickelung sowohl des Rechts wie der Sittlichkeit. Beide entstammen der Sitte, der ethischen Gewohnheit. Die „Sitte schliesst ursprünglich überall die Sittlichkeit ein: diese ist ein jüngerer Begriff, um das von der Sitte geforderte innere Verhalten dem Recht und der äusseren Sitte und Lebensart gegenüber als selbstständiges Gebiet zu unterscheiden; eine spätere Abstraction, zu der das ältere Leben der Völker noch keinen Anlass hat."[6]) Auch historisch geht die ethische Minimalforderung der äusseren Bethätigung der ethischen Norm der Forderung einer Aufnahme derselben in die Gesinnung voran.

Bei näherer Betrachtung findet sich übrigens, dass das Recht neben jener principiellen Forderung des äusseren Verhaltens, so wie die Sittlichkeit eine zweite, obwohl minder stricte, hinzufügt, nämlich die Rechtsnorm auch innerlich in den Willen aufzunehmen. Da nämlich das Recht vorerst darauf gerichtet ist, einen durch menschliches Handeln im positiven und negativen Sinne zu erzeugenden Zustand der Gesellschaft zu erhalten, so muss es mit der Macht zu zwingen ausgestattet sein, um im Nothfalle durch Zwang zu ersetzen, was durch die freie That der Persönlichkeit hätte erfolgen sollen. Diese Befugniss des Zwanges, die das Recht begleitet, ist eine so hervorstehende Eigenschaft desselben, dass man leicht zu dem Glauben verleitet ist, in jenem den wahren Charakter des Rechts zu erblicken und Recht und Zwang für unzertrennliche Correlata zu halten. Allein der Zwang ist doch nur gegen die pathologischen Erscheinungen des Rechtslebens gerichtet und in treffender Weise wurde darauf hingewiesen, dass eine Rechtsordnung, welche in jedem einzelnen Falle zur Erfüllung ihrer Aufgabe Zwang anwenden müsste, auf thönernen Füssen stünde.[7]) Zahlreich sind die Fälle, in

[6]) W. Arnold, Cultur- und Rechtsleben. Berlin 1865, S. 239.

[7]) Ahrens, Juristische Encyklopädie. Wien 1855, S. 43. Trendelenburg, a. a. O., S. 19. In seinem neuesten Werke hat Jhering das Recht

denen die Macht dem Rechte äusserliche Anerkennung verschaffen muss, aber zahllos die, in welchen das Rechte ohne Widerstreben gethan wird. Wer den Zwang zu den unverbrüchlichen Merkmalen des Rechts zählt, muss sich auch zu jener rein mechanischen Auffassung der Gesellschaft bekennen, nach welcher diese ohne Rücksicht auf die sittliche Beschaffenheit ihrer Mitglieder, durch reflectirenden Egoismus oder durch rohe Gewalt möglich ist. Aber es hiesse, unter unzähligen Möglichkeiten den unwahrscheinlichsten Fall wählen, wollte man annehmen, dass aus Wesen ohne innere Beziehung sich eine festgefügte Ordnung bilden könne, denn nur eine prästabilirte Harmonie könnte sie solchergestalt dauernd vereinigen. So nüchtern diese Ansicht zu sein scheint, so ruht sie doch im Grunde auf dem Glauben an ein Wunder.

Also gerade die Möglichkeit, dass der Zwang vicarirend an die Stelle der freien Handlung treten kann, weist auf die Nothwendigkeit einer Aufnahme des Rechts in den Willen hin, weil eine ausschliesslich durch Zwang sich dauernd verwirklichende Rechtsordnung ein Unding ist.

Diese Innerlichkeit des Rechts wird in der That durch eine historische und psychologische Analyse seiner Erscheinung erwiesen. In den Urzeiten politischer Anfänge lebt es ungeschrieben in den Herzen des Volkes, eng verknüpft mit der Achtung und der Scheu vor göttlichen Dingen. So wenig ist es ein Aeusserliches, dass es bei den germanischen Stämmen

---

als die Sicherung der Lebensbedingungen der Gesellschaft in Form des Zwanges definirt. (Der Zweck im Recht, I., Leipzig 1877, S. 434.) So richtig die Bestimmung der vom Willen abhängigen Lebensbedingungen der Gesellschaft (denn das ist der gemeinsame Charakter der von Jhering als gemischtrechtliche und reinrechtliche den ausserrechtlichen entgegengesetzten Lebensbedingungen) als der Inhalt des Rechts ist, so wird die Definition durch die Betonung des Zwanges als primäres Merkmal des Rechts zu eng. Wie richtig ist die Bemerkung Trendelenburg's gegen eine solche Auffassung: „Das Recht bleibt immer Recht. Wenn man sich eine Gemeinde der Gerechten dächte, so käme in ihr kein Zwang vor; denn alle würden die Rechtsgrenzen von selbst wahren, aus eigener Einsicht und Gesinnung; aber als Norm der Grenzen, welche sie ihrem Thun und Lassen vorzeichneten, ihrem Thun, indem sie es beschränkten, und ihrem Lassen, indem sie aus sich thätig würden, hätten sie denselben Begriff des Rechts.“ A. a. O., S. 89.

mit der Persönlichkeit eines Jeden in eins wachsen konnte, dass sein Recht ihn überall begleitete, wohin er ging und er nur nach seinem Rechte Verträge schloss, nur nach seinem Rechte gerichtet wurde. Aber nicht nur bei den einfachen Rechtsverhältnissen niederer Culturstufen, auch auf der Höhe des entwickelten Rechtslebens hängt das Recht in tiefgreifender Weise mit der Innerlichkeit der Individuen zusammen. Das Rechtsgefühl, welches uns in unzweideutiger Weise belehrt über das, was Recht und Unrecht ist, dessen Verletzung von uns in peinlichster Weise als eine Schädigung unserer ganzen Persönlichkeit empfunden wird, das uns ein tiefes Mitleid mit dem in seinem Rechte Gekränkten einflösst, ist ein Gefühl, dem unmöglich die ethische Bedeutung abgesprochen werden kann. An dieses unmittelbare Gefühl appellirt der Staat, wenn er Männer, seien sie rechtskundig oder nicht, dazu beruft, um über ihre Mitbürger zu Gericht zu sitzen. Die tiefe Innerlichkeit des Rechts zeigte sich in allen Fällen, wo Menschen mit eigener Gefahr das Schwert oder die Feder für den Unterdrückten ergriffen haben, um der Gewalt zum Trotze ihr „unveräusserliches und unzerbrechliches“ Recht vom Himmel herabzuholen.

Wenn das Recht zunächst nur Lebensbethätigung gemäss der Norm fordert, so hat es dabei nur das normgemässe Handeln im Auge. So lange nämlich die Lebensbethätigung über der Norm liegt, so lange also die Norm verwirklicht wird, kümmert sich das Recht nicht weiter um die psychologisch-ethischen Processe, denen die normale Lebensbethätigung entsprungen ist. Anders jedoch, wenn die Lebensbethätigung unter das Normale herabsinkt; wenn eine That verübt wird, durch welche eine der Grundlagen verletzt wird, auf denen sich die Gesellschaftsordnung erhebt. Da wird nicht nur gefragt, was geschehen ist, sondern wie es geschehen ist; da handelt es sich nicht nur um den äusseren Vorgang, der stattgefunden hat, sondern ebenso um den inneren Process, dem jener entsprungen ist. Gerade das Unrecht ist es, welches den ethischen Charakter des Rechts zum Vorschein bringt; wäre es ausschliesslich ein Aeusserliches, dann brauchten wir uns nicht mit allen Mitteln wissenschaftlicher Erkenntniss Mühe zu geben, in das Innere des Normübertreters einzudringen, um zu sehen, ob die Schuld vorhanden war, welche allein die That zur Missethat stempelt. Eine jede Theorie, welche das Juristische vom Ethischen sondern will, muss an der Begründung der Schuld scheitern. So lange man blos die normalen Erscheinungen des Rechtslebens vor Augen hat, mag man das sittliche Fundament nicht schauen, welches den ganzen Bau des Rechts trägt, aber man erblickt es sogleich, wenn man sich den pathologischen Vorgängen zuwendet, die an den Grundsäulen der gesellschaftlichen Ordnung rütteln.

So liegt denn im Rechte in der Forderung des ethischen Minimums von den Gesellschaftsgliedern ausser der unerlässlichen Lebensbethätigung gemäss der Norm die höhere einer Aufnahme der Norm in den Willen verborgen. Nicht nur die äussere Aufrechterhaltung der Ordnung verlangt die Gesellschaft von ihren Mitgliedern, sondern auch ein inneres Wollen der Ordnung. Allerdings verlangt sie das Letztere nicht von jedem Einzelnen, sondern von der Gesammtheit ihrer Glieder. Beim Einzelnen kann ihr jene äussere Normbethätigung genügen; bei der Gesammtheit muss sie ein gewisses Mass von rechtlicher Gesinnung voraussetzen. Je höher dieses ist, desto fester die Rechtsordnung, desto sicherer die Umsetzung des Seinsollenden in ein Seiendes; je geringer, desto grösser die Gefahr von Gleichgewichtsstörungen, desto kraftloser die Norm, desto zufälliger ihre Erfüllung, desto nothwendiger der Zwang. Allerdings bestimmt das Recht nicht präcise den Grad innerer Bethätigung der Normen in der Gesammtheit der Gesellschaftsglieder, es weist nur darauf hin, dass es zu seiner dauernden Wirksamkeit unumgänglich eines solchen bedürfe. Das ethische Minimum ist somit seiner subjectiven Seite nach: Ausnahmslose Lebensbethätigung gemäss der Rechtsnorm, vermehrt um jenen Grad inneren Wollens der Normen, der nöthig ist, um die Verwirklichung der Norm nicht blos dem sittlichen Zufalle und dem Zwange zu überlassen.

Ein zweiter Punkt, welcher die Gleichgiltigkeit des Rechts gegen die Sittlichkeit beweisen soll, ist die Möglichkeit, dass rechtlich erlaubt ist, was sittlich verboten. *Nullus videtur dolo facere, qui suo iure utitur.* Der hartherzige Gläubiger, der dem armen Schuldner sein letztes Hab und Gut nimmt, handelt unsittlich, aber nicht unrecht. Dieser Widerspruch löst sich jedoch, wenn man das Recht nach seiner ethischen Seite als das Minimum des sittlich Geforderten auffasst. Jener Gläubiger handelt zwar sittlich, indem er die Schuld eintreibt, aber er handelte sittlicher, wenn er sie dem Schuldner erliesse. Wenn man das Recht als die unterste Stufe des Sittlichen auffasst, dann sind alle Conflicte beseitigt, die sich ergeben, wenn man beide als selbstständige Mächte hinstellt.

Gegen die Definition des Rechts als der durch menschlichen Willen zu verwirklichenden Existenzbedingungen der Gesellschaft möchte einzuwenden sein, dass damit den unwichtigsten Specialbestimmungen des Rechts eine Wichtigkeit eingeräumt wird, die sie nicht im Entferntesten besitzen. Es sind dies jene Normen, von denen Arnold bemerkt, dass es bei ihnen mehr darauf ankomme, „dass sie da sind, als wie sie da sind“.[8]) Aber gerade die Nothwendigkeit einer präcisen Bestimmung in solchen Fällen, wie z. B. Fristen oder Förmlichkeiten, die zur Giltigkeit einer Rechtshandlung erfordert werden, beweisen, dass auch hierin der den concreten Gesellschaftszustand wahrende Charakter des Rechts zum vollen Ausdrucke kommt. Je entwickelter und daher je verwickelter das sociale Leben wird, desto dichter wird das Gewebe der Rechtsnormen, desto feiner und kleiner die Fäden, welche verbindend zwischen den schon gesponnenen hin- und herfliessen. Aber selbst der feinste und kleinste ist nothwendig, um gerade an seiner Stelle das Ganze zu erhalten; wäre er nicht vorhanden, so wäre für das Leben der Gesammtheit eine vielleicht verschwindend kleine, aber immerhin eine Störung vorhanden. Auch die geringste und unscheinbarste Norm hindert eine wenn auch noch so geringe Veränderung der Gesellschaft im negativen Sinne, ein Herabsinken derselben von der einmal erreichten Höhe.

Einen anderen gewichtigen Einwand hat unsere Definition von Seite des Juristen zu gewärtigen. Wird das Recht nicht

---

[8]) A. a. O. S. 282.

erst dadurch Recht, dass es der allgemeine Wille als solches bezeichnet?

Aber der allgemeine Wille kann durch Irrthum verleitet werden, auch das social Schädliche als Recht zu bezeichnen; der Despot kann seine unberechenbare Willkür zum geltenden Rechte erheben. Ein solches Recht ist aber nur seiner formalen Seite nach Recht, dem tieferen materialen Grunde nach ist es Unrecht oder im besten Falle rechtlich irrelevant. Die Norm existirt nicht erst dadurch, dass sie in's allgemeine Bewusstsein erhoben, dass sie deutlich dem Willen als Richtschnur vorgezeichnet wird, so wenig der normale Zustand eines Organes erst dadurch existirt, dass ihn der Arzt als solchen erkennt. Die Norm kann verkannt werden, es ist möglich, dass sie überhaupt nicht zum Bewusstsein kommt; wenn sie aber übertreten wird, so rächt sie sich dennoch an dem Körper der Gesammtheit in unerbittlicher Weise.

Das Recht ist das die Existenz des jeweiligen Gesellschaftszustandes Bewahrende. Wodurch wird in diesem conservativen Elemente die Bewegung erzeugt, die nöthig ist, damit es mit der Entwickelung der Gesellschaft gleichen Schritt halte? Zum Theile in ihm selbst, indem der volle logische Inhalt der geltenden Normen entwickelt, der Streit der einander widerstrebenden gelöst wird. Aber die Fortbewegung des Rechts ist, wie die einer jeden anderen socialen Function, nur im Zusammenhange und nur aus der innigsten Wechselwirkung der sämmtlichen Thätigkeiten der Gesellschaft zu erklären. Von den religiösen Anschauungen bis zu den Zufälligkeiten der nationalen oder gar localen Sitte ist das Recht durch alle Erscheinungsformen menschlicher Gemeinthätigkeit bestimmt und bedingt. Denn alle Functionen und Institutionen der Gesellschaft suchen bewusst oder instinctiv sich zu erhalten und drängen daher zur Bildung von Normen hin, so weit menschlicher Wille auf ihre Existenz Einfluss haben kann.

Drittes Capitel.

Das Unrecht.

Die durch menschlichen Willen zu erhaltenden Existenzbedingungen der Gesellschaft sind der Inhalt des Rechts. Ein Angriff auf diese Existenzbedingungen durch den normwidrigen menschlichen Willen ist das Unrecht. Es bezeichnet ein Herabsinken unter das ethische Minimum, das objectiv durch die zum Dasein eines bestimmten Gesellschaftszustandes nothwendigen Normen, subjectiv durch das Minimum sittlicher Lebensbethätigung verwirklicht wird.

Alles Unrecht wird sonach von dem normwidrigen Willen erzeugt. Allerdings kann ein nicht der rechtlichen Norm gemässer Zustand auch von anderen Kräften, als dem normwidrigen Willen hervorgebracht werden. Aber in solchem Falle ist blos das contradictorische Gegentheil des Rechts vorhanden, der Zustand ist nicht rechtsmässig; nur das durch den normwidrigen Willen hervorgerufene nicht Rechte ist das Unrechte. Wenn man die alte Definition des Unrechts: *Iniuria est quod non iure factum est* für eine genaue Begriffsbestimmung desselben hält, so könnte der blind wirkende Zufall ebenso unrecht thun, wie der bewusst handelnde Mensch.

Die Verletzung oder Gefährdung eines physische oder psychische Existenz habenden Rechtsgutes ist also nicht das unterscheidende Kriterium des Unrechts, da diese ebenso gut durch den Zufall hervorgebracht werden kann. Der den Funken tragende

Sturm vernichtet das Haus nicht minder, als die Hand des Brandstifters; ein durch Missverständniss erzeugtes Gerücht ist der Ehre ebenso gefährlich wie böswillige Verläumdung. Ausschliesslich dem Unrechte gegenüber dem rechtlichen Zufalle eigenthümlich sind die specifischen psychologischen Wirkungen, die es hervorzurufen im Stande ist.

Die psychologischen Wirkungen des Unrechts sind folgende: die durch die Verletzung oder Gefährdung eines Gutes hervorgerufene psychische Erregung, welche sich in eine Action gegen den Urheber derselben umzusetzen sucht; diese Erregung hat nicht nur statt bei den unmittelbar durch das Unrecht betroffenen Subjecten, sondern, wenn auch in niederem Grade, bei den ethisch normal organisirten Individuen, welche von demselben Kunde erhalten. Zweitens ein Reiz für die ethisch abnormal organisirten Individuen, ihren selbstsüchtigen Trieben auf Kosten des Wohles Anderer Befriedigung zu verschaffen. Die gewaltige Macht des Beispiels, das in dem gesammten individuellen und socialen Leben des Menschen eine so unendlich wichtige Rolle spielt, zeigt sich in furchtbarer Grösse auf dem Gebiete des Unrechts. Der Trieb der Nachahmung, der uns innewohnt, ist eine der wirksamsten Ursachen socialer Ereignisse überhaupt. Durch ihn lassen sich einerseits die unsinnigsten Geschehnisse, wie das plötzliche Auftauchen irgend einer unpassenden Kleidermode und andererseits die schnelle Ausbreitung neuer politischer, religiöser und sittlicher Ansichten erklären. Auf diesem Nachahmungstriebe beruht zum grossen Theile das Festhalten an den Formalitäten der Sitte, die schnelle Ausbreitung des Urtheils der öffentlichen Meinung, welches in zahlreichen Fällen nur eine gedankenlos von vielen nachgesprochene Ansicht eines Einzelnen ist. Diese psychologische Reflexthätigkeit ist auch die Ursache, warum jedem Unrechte ein Infectionsstoff innewohnt, der Andere mit gleichem Gifte zu erfüllen droht. Und nicht nur Andere; vermöge der psychologischen Gewöhnung wird durch das verübte Unrecht in dem Thäter desselben oft eine Neigung erzeugt, es zu wiederholen; das Unrecht hat in vielen Fällen die Tendenz, sich durch ein und dasselbe Individuum reproduciren zu lassen, daher auch stets die öffentliche Meinung den Thäter eines ausgeprägten Unrechts, als einen zu neuer Uebertretung Inclinirenden betrachtet und fürchtet.

Eine dritte Wirkung des Unrechts ist das Gefühl der Unsicherheit, das es im Gefolge hat. Das Recht ist das die Existenz der Gesellschaft und somit auch des Einzelnen Sichernde, es bewirkt, wo es herrscht, psychologisch das Gefühl der Sicherheit, das die nothwendige Basis für jede gesunde menschliche Thätigkeit bildet. Das Unrecht verletzt dieses Gefühl; die Güter, die der Mensch ungestört besitzen und gebrauchen zu können glaubte, sieht er von einer vernichtenden Kraft bedroht. Die Furcht stört daher den normalen psychologischen Zustand der Gesellschaft, schwächt ihre Thatkraft, verzögert ihre Entwickelung.

Als vierte psychologische Wirkung des Unrechts erscheint die Minderung der Achtung vor der Norm und in Folge dessen verminderte psychologische Wirksamkeit derselben. Und nicht nur der übertretenen Norm, sondern des Rechts überhaupt; denn bei der innigen Verknüpfung und gegenseitigen Durchdringung der Normen ist es natürlich, dass mit der einen auch alle anderen leiden; da ferner auf höherer Culturstufe die durch den Staat repräsentirte öffentliche Autorität es ist, welche das Recht als solches zu erkennen giebt, dieses daher als Wille jener öffentlichen Autorität erscheint, so ist das Unrecht zugleich Missachtung des Staatswillens und deshalb Schwächung der psychologischen Wirksamkeit desselben in der Gesammtheit. Denn das Unrecht bricht dasjenige, was unverbrüchlich gelten soll; es zeigt, dass das, was sein s o l l, nicht sein m u s s; es beweist, dass die Autorität nicht mächtig genug ist, ihren Geboten unter allen Umständen Geltung zu verschaffen. Das Unrecht offenbart daher die Ohnmacht der Autorität in seinem Falle; das Ohnmächtige wird aber nicht gleich dem Mächtigen geachtet, das minder Geachtete wirkt aber, wenn es gebietet, psychologisch schwächer als das Geachtete.

In diesen vier möglichen Wirkungsarten hat das Unrecht seine objective social-psychologische Existenz.[1]) Je nach der

[1]) Bei der Beurtheilung eines concreten Falles kommt es blos darauf an, ob die betreffende That die F ä h i g k e i t besitzt, eine oder mehrere der angegebenen Wirkungen hervorzubringen, mögen diese nun eintreten oder nicht.

Stärke, der Extensität und Verbindungsweise derselben bestimmt sich die Stufe des Unrechts. Wir werden diese Stufen im nächsten Capitel bei der Untersuchung der socialen Reaction gegen das Unrecht kennen lernen. Jede andere objective Existenz, die dem Unrechte ausser der Verletzung eines physischen oder psychischen Rechtsgutes und den psychologischen Wirkungen zugeschrieben wird, kann nur metaphysischer Natur sein, denn physische und psychische Zustände sind die einzigen für die Wissenschaft erkennbaren. Wer noch irgend eine andere Existenzform des Unrechts behauptet, muss nothwendig ein transcendentes Princip zu Hülfe rufen, welches gewöhnlich, gleich den Platonischen Ideen zufolge der Aristotelischen Kritik, weiter nichts ist als „das Reale noch einmal".

Seiner subjectiven Seite nach ist das Unrecht stets durch den Willen hervorgebracht. Der unrecht thuende Wille ist ein solcher, der die Fähigkeit besitzt, durch Verletzung eines Rechtsgutes einen abnormen social-psychologischen Zustand hervorzurufen, sei es, dass der Wille geradezu mit dem Bewusstsein der Normwidrigkeit seines Handelns verbunden ist, sei es, dass er nicht die Stärke besitzt, die Norm im Bewusstsein präsent zu erhalten. Auf jeden Fall ist es ein Mangel an jenem Minimum von Altruismus, welches wir als die subjective Bedingung des Rechts bezeichnet haben. Ein solcher Wille ist in Beziehung auf die Gesellschaft ein abnormer, ein kranker. Wenn wir uns vor Augen halten, was oben über Gesundheit und Krankheit gesagt wurde, so können wir mit vollem logischen Rechte neben die körperliche und die Geisteskrankheit die W i l l e n s k r a n k h e i t setzen. Schon P l a t o hatte die Verwandtschaft zwischen Krankheit und normwidrigem Wollen erkannt, und er nennt daher den Verbrecher: „νόσον πόλεως". Wie im Körper ein Organ krank ist, wenn es auf Kosten der anderen sein eigenes Dasein führt, ohne seinen Beitrag zur Erhaltung der Gesammtexistenz abzugeben, wie eine Vorstellung krank ist, die mit so übermässiger Stärke im Bewusstsein auftritt, dass sie anderen den Eintritt in dasselbe verwehrt, so ist der Wille krank, der sich in der Gesellschaft auf Kosten der allgemeinen Ordnung zu äussern sucht.

Die Anwendung des Begriffes „Krankheit" auf den abnormen Willen könnte Anlass zu einem schweren Missverständnisse bieten; es könnte dadurch der Schein entstehen, dass der Wille gleich dem animalischen Organismus von physiologischen Gesetzen beherrscht sei, dass er unter dem Einflusse eines äusseren Zwanges stehe, wodurch seine freie Bewegung, die wir unmittelbar in uns zu erkennen glauben, zu leerem Scheine herabsinken würde.

Das führt uns auf ein Gebiet, welches der nach voller Erkenntniss strebende nur mit Scheu betreten und nur mit Enttäuschung verlassen kann; es ist der grosse Kampfplatz, auf dem seit undenklichen Zeiten über die Freiheit des Willens und die Verantwortlichkeit des Menschen für seine Handlungen gestritten wird. Keine speculative Frage ist zu allen Zeiten so lebendig gewesen, wie diese; bei keiner war es den Menschen so angelegen, ein ihr innerstes Herzensbedürfniss befriedigendes Resultat zu finden, wie bei dieser. Und doch ist das Resultat des langen Kampfes nur, dass das Problem in der alten Sphynxgestalt uns anstarrt, dass alle Versuche, den Schleier zu lüften, der die Lösung des tiefsten aller Räthsel verhüllt, vergeblich gewesen waren.

In der That ist heute noch nicht einmal die Frage richtig formulirt, das Problem selbst nicht in eine allgemein anerkannte Form gebracht. Bei dem Bestreben der Denker, eine Freiheit des Willens in irgend einem Sinne zu finden, musste es dahin kommen, dass das Wort „Freiheit“ zu dem vieldeutigsten wurde, welches die Sprache der Speculation kennt, dass in ihm das Entgegengesetzteste und Unvereinbarste gedacht wurde. Während dem Einen die Freiheit das Vermögen ist, einen Zustand von selbst anzufangen, bezeichnet sie dem Anderen die Möglichkeit einer nicht causirten Wahl zwischen zwei Alternativen, einem Dritten ist sie die dem Charakter eigenthümliche Art, auf Motive zu reagiren, die spontane Reactionsweise eines jeden Dinges, einem Vierten die Uebereinstimmung des Willens mit den Entwicklungsgesetzen der Idee, einem Fünften die Fähigkeit den Willen durch das als vernünftig erkannte zu lenken, u. s. w. Bald wird die Freiheit der Nothwendigkeit gegenübergestellt, bald mit dieser in Gegensatz zu dem Zufalle gebracht, bald von einem Gesetze der Freiheit gesprochen, bald Freiheit und Gesetzlosigkeit identificirt; die Einen geben vor, eine klare, mittheilbare Erkenntniss der Freiheit zu besitzen, die Anderen sehen in ihr ein Mysterium, zu dessen Lösung die Betrachtungsweise des Verstandes nicht ausreicht. So stehen sich die Parteien gegenüber, ohne dass die eine gründlich versteht, was die andere will.

Nicht minderer Zwiespalt herrscht in der Frage nach der Verantwortlichkeit. Während nämlich die Einen die Verantwortlichkeit nur dann anerkennen wollen, wenn der Wille von den Banden der Causalität losgelöst ist, glauben sie die Anderen nur dann behaupten zu können, wenn die Aeusserungen des Willens als stricte dem Causalgesetze unterworfen gedacht werden. Und in der That hat jede dieser beiden Ansichten Recht, soferne sie die andere kritisirt. Denn es ist weder einzusehen, wie für das absolut Grundlose, noch wie für das absolut Determinirte eine Verantwortlichkeit möglich sein soll. Das gilt auch von den neuerdings so beliebten Anschauungen über die Freiheit, nach welchen alle dem eigentlichen Entschlusse vorangehenden Stadien der Motivation als vollständig determinirt gedacht, der Entschluss selbst aber als ausserhalb der causalen Banden liegend angesehen wird. Denn es ist für das Wesen des Indeterminismus ganz gleichgiltig, wo man den causalen Zusammenhang unterbricht; ist auch nur ein Moment vorhanden, das nicht der verknüpfenden Kategorie des Verstandes unterliegt, so tritt mit voller Schärfe die Frage auf, wie für die Willkür, für das Unbegreifliche und Unverständliche — denn begreiflich und verständlich ist nur das, was wir in causalen Zusammenhang mit der Gesammtheit der Erscheinungen bringen können — eine Verantwortlichkeit möglich sei. Auch die Versuche Kant's, Schelling's und Schopenhauer's, Natur und Freiheit zu vereinigen, machen die Verantwortlichkeit nicht verständlicher, sondern verhüllen sie eher noch mit einem dichteren Schleier. Denn jene vorzeitliche freie That des intelligiblen Charakters, dem der Mensch sein empirisches Sein verdankt, steht in keiner Verbindung mit den einzelnen Acten unseres Bewusstseins und Willens. Nicht für einzelne Willensacte, sondern nur für seine ganze Existenz könnte der Mensch zur Verantwortung gezogen werden, aber von wem? Auf keinen Fall von der Gesellschaft, weil dieser eine absolute Erkenntniss nicht innewohnt; nur einem nicht an die beschränkenden Formen unserer Vernunft geketteten Richter stünde es zu, für die unerforschliche That das Unerforschliche in uns verantwortlich zu machen. In der Kritik der reinen Vernunft zieht Kant auch diese Conclusion aus seinen Sätzen: „Die eigentliche Moralität der Handlungen (Verdienst und Schuld) bleibt uns daher, selbst die unseres eigenen Verhaltens, gänzlich verborgen. Unsere Zurechnungen können nur auf den empirischen Charakter bezogen werden. Wie viel aber davon reine Wirkung der Freiheit, wie viel der blossen Natur und dem unverschuldeten Fehler des Temperaments, oder dessen glücklicher Beschaffenheit (*merito fortunae*) zuzuschreiben sei, kann Niemand ergründen, und daher auch nicht nach völliger Gerechtigkeit richten."[2])

Von den unzähligen Meinungen, welche über die Willensfreiheit geäussert worden sind, können nach dem heutigen Stande der Erkenntniss zwei als gänzlich unwissenschaftlich ausgeschlossen werden. Erstens die Lehre von der absoluten Willkür des Willens, der zufolge er von keinem wie immer gearteten Gesetze der Motivation beherrscht ist. Es ist das grosse Verdienst der Moralstatistik, dieser Theorie, welche eher von Willenstollheit, als Willensfreiheit sprechen sollte, den Gnadenstoss versetzt zu haben. Obwohl nämlich die Statistik heute noch weit davon entfernt ist, uns irgend einen allgemein giltigen Aufschluss zu geben über die Ursachen der Constanz der von ihr festgestellten Zahlen, obwohl sie, sich an die äussere Erscheinung klammernd, fast nur quantitative Ergebnisse kennt und die qualitativen Unterschiede, welche äusserlich gleiche Handlungen durch die ihnen vorausgehenden subjectiven Processe unterscheidet, in den meisten Fällen ausser Acht lassen muss, obwohl Nichts unwissenschaftlicher und oberflächlicher ist, als von statistischen Gesetzen zu reden, so hat doch die Wissenschaft, welche die menschlichen Handlungen zählt, bereits ein unverlierbares Resultat geliefert:

---

[2]) Kr. d. r. Vernunft. Herausg. v. Rosenkranz. S. 432, Anmerkung.

Der Mensch steht der Natur und der Gesellschaft nicht als ein absolut unabhängiges Wesen gegenüber, sondern ist beherrscht von Bedingungen, die jenen beiden Mächten entspringen und welche, in Motive umgesetzt, den Charakter zur Ausführung seiner Thaten sollicitiren.

Jene erstaunliche Regelmässigkeit in den Zahlen der socialen Handlungen, so wenig sie an und für sich eine gesetzliche genannt werden kann, deutet doch jedenfalls darauf hin, dass ihr bestimmte Gesetze zu Grunde liegen. Bereits Kant führt die in gleichen Zeiträumen rhythmisch wiederkehrenden Zahlen der Ehen, der Geburten und der Sterbefälle als Beweise an, „dass sie ebensowohl nach beständigen Naturgesetzen geschehen, als die so unbeständigen Witterungen", und stützt auf sie den am Anfange seiner „Idee zu einer allgemeinen Geschichte in weltbürgerlicher Absicht" stehenden Satz: „Was man sich auch in metaphysischer Absicht für einen Begriff von der Freiheit des Willens machen mag, so sind doch die Erscheinungen desselben, die menschlichen Handlungen, ebensowohl als jede andere Naturgelegenheit nach allgemeinen Naturgesetzen bestimmt." [3]) Und in der That, diese Behauptung hätte jener empirischen Stütze nicht einmal bedurft. Denn alles wissenschaftliche Erkennen ist ein Erkennen aus Ursachen und die Grundkategorie des Intellects, die Causalität, ist die erste Bedingung für das Zustandekommen einer äusseren Erfahrung. Das Dasein einer äusseren Welt ist für uns nur dadurch möglich, dass wir unsere Empfindungen als Wirkungen eines ausser uns Liegenden auffassen, welches dem naiven Sinne als etwas in sich Selbstständiges und von unserer Subjectivität Unabhängiges erscheint. Durch die Causalität bringen wir Mass und Ordnung in eine Welt, welche sonst für uns nur ein ungeregeltes tolles Spiel subjectiver Empfindungen ohne jede gegenseitige Beziehung bliebe. Es kann daher nicht Wunder nehmen, dass, wo immer wir eindringen in den Verlauf des natürlichen Geschehens und der psychologischen und socialen Processe, wir auch das

[3]) W. W. herausgegeben von Rosenkranz und Schubert. Bd. VII, Seite 317.

erste vertraute Grundgesetz unseres Geistes wiederfinden; bewusst oder unbewusst hat jede echte wissenschaftliche Forschung danach gesucht.

Die Einsicht in die causale Bedingtheit der menschlichen Handlungen kann leicht zu einer andern Anschauung führen, welche nicht minder unwissenschaftlich ist, als die von der Willkür. Es ist jene, welche die den Willen bestimmenden Ursachen für mechanische hält, die mit einer fatalen Nothwendigkeit den ihnen machtlos gegenüberstehenden Willen zu der That zwingen. Dieser oberflächlichen Ansicht gegenüber, welche nur eine Art der Verursachung kennt, muss auf den tiefen Unterschied zwischen mechanischer Ursache, die ein Objectiv-Aeusserliches, und Motiv, das ein Subjectiv-Innerliches ist, hingewiesen werden. Nicht durch mechanischen Zwang, sondern durch Motivation wird der Wille bestimmt; nicht eine dunkle, von aussen in geheimnissvoll fremder Weise uns leitende Macht ist es, der sich unsere Handlungen bedingungslos unterwerfen, sondern unsere eigenen Vorstellungen sind die Motoren, welche den Charakter zu der ihm eigenthümlichen Reactionsweise excitiren. Auf die specifische Eigenart der durch Motive erfolgenden Verursachung hat Niemand schärfer hingewiesen, als Schopenhauer, indem er bemerkte, dass wir zwar die mechanischen, physikalischen, chemischen und physiologischen Wirkungen auf ihre respectiven Ursachen jedesmal erfolgen sehen, ohne deswegen jemals die Vorgänge, die da stattfinden, durch und durch zu verstehen, weil uns nämlich als draussen Stehenden das Innere derselben stets ein Geheimniss bleibt. Die Einwirkung des Motives hingegen wird von uns ihrem innersten Wesen nach erkannt, weil hier der Vorgang ein innerer, selbst erlebter ist. Die Motivation ist daher nach Schopenhauer „die Causalität von innen gesehen“.[4]) Obwohl nun auf psychologischem Gebiete die Anwendung eines Masses nur in sehr engen Grenzen denkbar ist und es daher unmöglich ist, die Stärke eines Motives und die Reaction eines Charakters auf dasselbe quantitativ zu bestimmen, auf welchem Wege allein ein

[4]) Ueber die vierfache Wurzel des Satzes vom zureichenden Grunde. §. 43.

strenger empirischer Nachweis der vollständigen Determination unserer Handlungen zu führen wäre, so sind wir doch durch das Wesen der Causalität gezwungen, uns die Handlung durch die erwähnten beiden Momente als völlig bestimmt zu denken. Denn auch die specifische Reactionseigenthümlichkeit eines jeden Charakters können wir uns bei vollendetem Vorstellen nur als eine sich streng gesetzmässig äussernde denken und trotz des qualitativen Unterschiedes der Motivation von der in den Naturprocessen herrschenden Causationsweise kann das Band, welches Motiv und Charakter zu der Handlung verbindet, kein schwächeres sein, als jenes, welches Naturvorgang an Naturvorgang knüpft.[5])

Aus der Bestimmbarkeit des Willens durch Motive, d. h. durch Vorstellungen, folgt seine Bestimmbarkeit durch vernünftige Vorstellungen, durch das als vernunftgemäss Erkannte, wenn es zum stärksten Motiv gegenüber allen anderen erhoben wird. Es ist gegen Drobisch nichts einzuwenden, wenn er (im Geiste Herbart's) diese Fähigkeit des Menschen, durch die Einsicht das Wollen und durch dieses das Handeln zu bestimmen, die persönliche Freiheit desselben nennt, ein

[5]) Das lässt Oettingen ausser Acht, dessen in diesen Punkten unklare Ausführungen wenigstens, trotz aller Anerkennung des Determinismus, den Eindruck machen, als ob die Reactionsweise des Charakters keinem nothwendigen Gesetze unterliege. Schon das ist ein Fehler, wenn er behauptet, dass die ethischen Processe sich dadurch von den Naturvorgängen unterscheiden, dass das vernünftige Subject des Willens wesentlicher Mitfactor desselben ist (a. a. O. S. 293). Denn auch in der Natur ist die Wirkung ebensowohl durch das Wesen des Wirkenden als desjenigen, auf das gewirkt wird, bestimmt, daher auch Spinoza mit vollem Rechte behaupten konnte, der in die Luft geschleuderte Stein würde, wenn er Bewusstsein hätte, freiwillig zu fliegen glauben Am wenigsten aber werden wir von dem „furchtbaren Bann blos naturgesetzlicher Nothwendigkeit" befreit, wenn wir in der Motivation eine eigene Form der Verursachung erkennen, und wenn wir finden, dass die normativen Gesetze die Fähigkeit besitzen, als Motive in das individuelle Leben einzutreten. Freilich, wenn man annimmt, dass „überall, wo ein „„Du sollst"" laut wird, schon eine Causalität geistiger und übernatürlicher Art gesetzt und anerkannt ist" (a. a. O. S. 955), so ist es sehr leicht über alle Schwierigkeiten hinwegzukommen. Damit ist aber der Boden des Empirischen verlassen, von dem aus auch die Fragen nach Entstehung der Normen und deren Wirkungsfähigkeit auf den Willen einer ungezwungenen Lösung fähig sind, ohne dass man es nöthig hatte, eine übernatürliche Causalität zu postuliren.

Freiheitsbegriff, der „auch als Determinismus bezeichnet werden kann; aber es ist innerer Determinismus, nicht äusserer, der freilich jede Selbstbestimmung ausschliesst.“[6])

Dieser innere Determinismus bietet auch die einzige Möglichkeit, das verworrene Spiel der Geschichte verständlich zu machen, in der Flucht der socialen Erscheinungen das vertraute Gesetz zu finden und eine Erkenntniss des Geistes neben der Naturwissenschaft zu begründen. Treffend bemerkt Lotze: „Alle Hoffnung der Erziehung und alle Arbeit der Geschichte gründet sich auf die Ueberzeugung der Lenkbarkeit des Willens durch das Wachsthum der Einsicht, durch die Veredlung der Gefühle und die Verbesserung der äusseren Lebensbedingungen“[7]) und jene von ihm postulirte Mechanik der Gesellschaft, welche uns den Gang, die Bedingungen und die Erfolge der Wechselwirkungen kennen lehrte, die zwischen den inneren Zuständen vieler durch natürliche und gesellige Verhältnisse verknüpfter Einzelner stattfinden müssen, wäre ein leeres Hirngespinnst, wenn man der Willkür auch nur das geringste Territorium einräumt.

Was nun das Verhältniss zwischen der vollständigen Determination, als welche uns jedes Geschehen sich darstellt und dem unmittelbaren, allgemein menschlichen Bewusstsein der Freiheit und der sittlichen Verantwortlichkeit betrifft, so finde ich es nirgends besser und wahrer charakterisirt, als von F. A. Lange: „Zwischen der Freiheit als Form des subjectiven Bewusstseins und der Nothwendigkeit als Thatsache objectiver Forschung kann so wenig ein Widerspruch sein, wie zwischen einer Farbe und einem Ton. Dieselbe Schwingung einer Saite gibt für das Auge das Bild der schwirrenden Bewegung, für die Rechnung eine bestimmte Zahl von Schwingungen in der Secunde und für das Ohr den einheitlichen Ton. Aber diese Einheit und jenes Vielfache widersprechen sich nicht, und wenn das gewöhnliche Bewusstsein der Schwingungszahl einen höheren Grad von Wirklichkeit zuschreibt, als dem Ton, so ist dabei nicht viel zu erinnern . . .

---

[6]) Die moralische Statistik und die menschliche Willensfreiheit. Eine Untersuchung. Leipzig 1867. S. 70.

[7]) Mikrokosmus III. Bd. S. 78. Vgl. S. 70 ff.

Auch das ist ganz in der Ordnung, dass dem materialistischen Fatalismus gegenüber die Bedeutung der Freiheit aufrecht erhalten wird, namentlich für das sittliche Gebiet. Denn hier gilt es nicht mehr zu behaupten, dass das Bewusstsein der Freiheit eine Wirklichkeit ist, sondern auch, dass der mit dem Bewusstsein der Freiheit und Verantwortlichkeit verbundene Vorstellungsverlauf eine ebenso wesentliche Bedeutung für unser Handeln hat, als diejenigen Vorstellungen, in welchen uns eine Versuchung, ein Trieb, ein natürlicher Reiz zu dieser oder jener Handlung unmittelbar zum Bewusstsein kommt".[8]) Hiermit ist die einzig mögliche praktische Lösung des Problems gegeben. Alle gegenseitigen Beziehungen der Menschen gründen sich auf die Triebe ihrer Natur und die Eigenschaften ihrer Vernunft. Wenn zu den allgemeinen Eigenschaften der Vernunft das Bewusstsein der Verantwortlichkeit gehört, warum sollte es nicht hinreichend sein, die Verantwortlichkeit darauf zu gründen? Ob diesem subjectiven Bewusstsein eine absolute Realität entspricht, das zu erforschen, ist eine der schwierigsten Aufgaben der Metaphysik; allein welche Lösung immer diese dem Problem geben mag, einen tieferen Grund wird sie der Verantwortlichkeit nicht verschaffen, als dieselbe bereits in der Anlage unseres geistigen Seins besitzt. Für die Socialethik, welche nur die socialen, nicht die absoluten Werthe unserer Handlung bestimmen will, genügt es, eine sociale Verantwortlichkeit vorauszusetzen und sie findet ihre Voraussetzung bestätigt durch jenes ursprüngliche Bewusstsein, welches zu den nothwendigen Momenten unserer geistigen Organisation zählt. Auf dem Bewusstsein der Freiheit beruhen alle grossen Thaten der Geschichte, alle Siege der forschenden Vernunft, alle Schöpfungen des künstlerischen Genius, es ist der mächtigste Hebel der gesammten menschlichen Entwickelung und insoferne haben die unbestreitbar Recht, welche die Geschichte als das Werk der Freiheit ansehen. Mag die Reflexion immerhin auch in den Thaten die strenge Nothwendigkeit verwirklicht finden, sie kann unsere unmittelbare Ueberzeugung so wenig Lügen

---

[8]) Geschichte des Materialismus, 2 Aufl. II. Bd. S. 404.

strafen, als die Naturwissenschaft unsere Sinne des Irrthums zeihen kann, weil diese uns eine andere Welt zeigen, als die von ihr durch Abstraction gefundene.

Es geht mit der Verantwortlichkeit, wie mit der Religion und der Kunst. Ob es ein höchstes, für sich seiendes Wesen gebe, dem alle die Prädicate zukommen, die ihm das gläubige Gefühl beilegt, oder ob der Mensch blos seine eigene Natur in's Absolute erhebt und vor ihr anbetend in den Staub sinkt, ob der Künstler die von der Angst des Irdischen befreiten Urbilder der Dinge uns in sinnlicher Gestalt zeigt oder ob es einfache Formverhältnisse sind, die in uns das Gefallen am Kunstwerke erregen, das sind Fragen, welche die Welt in streitende Parteien spaltet, die jeder Einigung widerstreben. Aber Religion und Kunst als allgemein vorhandene Aeusserungen der Menschennatur werden durch diesen Streit nicht berührt. Der wahrhaft Religiöse und der echte Künstler folgt dem innersten Drange seines Herzens, unbekümmert um die theoretischen Meinungen, die diesen Drang selbst zergliedern und die Existenz dessen untersuchen wollen, worauf er gerichtet ist.

So existirt denn praktisch Freiheit und Verantwortlichkeit ohne Zweifel, sie sind das unerschütterliche Fundament, auf dem sich das Leben und die Bewegung der Gesellschaft in praktischer Hinsicht vollzieht. Ebenso existirt für die Speculation die Frage, ob dem Freiheitsbewusstsein eine absolute Realität entspreche. Aber die positive Wissenschaft, die den Zusammenhang der Erscheinungen erkennen will und an die Erscheinungen mit der berechtigten Voraussetzung herantritt, dass ein solcher Zusammenhang überall existire, sie kann nimmermehr zugeben, dass, soweit ein Erkennbares vorhanden ist, die causale Verknüpfung des Geschehenden auch nur an einem Punkte unterbrochen sei, sonst müsste sie zu Gunsten des Unwissbaren, Regellosen, Zufälligen abdiciren. Für die positive Wissenschaft muss als Leitfaden gelten, was Kant trotz der von ihm postulirten Freiheit einräumt, „dass, wenn es für uns möglich wäre, in eines Menschen Denkungsart, sowie sie sich durch innere sowohl als äussere Handlungen zeigt, so tiefe Einsicht zu haben, dass jede, auch die mindeste Triebfeder dazu uns bekannt würde, in gleichen alle auf diese wirkende äussere Veranlassungen, man eines Menschen Verhalten auf die Zukunft mit Gewissheit, so wie eine Mond- oder Sonnenfinsterniss, ausrechnen könnte.“ [9]) Mag man daher immerhin von einem Gesetze der Freiheit sprechen, dieses Gesetz kann nur als der Ausdruck der nothwendigen psychologischen Bewegung gedacht werden, die einerseits durch die Motive, andererseits durch die Charaktere hervorgebracht ist, und wenn man in einer solchen Freiheit die höchste Lösung des grossen Problemes sucht, so ist daran zu erinnern, dass Kant diese Lösung mit vollem Rechte einen „elenden Behelf“ genannt hat, aber die Wissenschaft fühlt sich gar nicht dazu berufen, an der Lösung des grossen Räthsels mitzuarbeiten, das einen der Grenzpunkte bezeichnet, wo ihre Gewalt aufhört und der leere Raum beginnt, dessen Tiefe zu ermessen unserem Geiste kein Senkblei gegeben ist. Da mag denn der metaphysische Trieb in Wirksamkeit treten und mit seinen Symbolen die Oede des von den Fesseln der Causalität nicht umschlungenen Absoluten ausschmücken.

Die wissenschaftliche Forschung hat als höchstes Princip für die Entwirrung des vielverschlungenen Treibens der Menschen den grossen Gedanken des Spinoza zu acceptiren: *humanas actiones non ridere, non lugere, neque detestari, sed intelligere*, und sie muss, will sie auch auf diesem Gebiete die Wahrheit ergründen, ihren Gegenstand mit derselben vorurtheilslosen Ruhe betrachten, als hätte sie die Eigenschaften einer geometrischen Figur zu untersuchen. Eine einfache Wahrheit! Und wie schwer ist es dennoch sie zu verwirklichen! Mit mächtiger Hand zwingt das Interesse und gerade hier das tiefste unserer Natur das Denken in seinen Dienst und verlangt gebieterisch nach Befriedigung. Der Primat der praktischen Vernunft macht seine Rechte geltend und schreibt kategorisch der theoretischen die Resultate vor, zu denen sie zu gelangen habe.

Wenn wir also praktisch die Menschen betrachten, als ob sie frei wären, so haben wir sie theoretisch anzusehen, als ob ihre Thaten nur die Verwirklichung einer strengen Noth-

---

[9]) Kr. d. pr. Vernunft, S. 230.

wendigkeit wären, und es der Speculation zu überlassen, den unläugbaren Gegensatz dieser beiden Betrachtungsweisen, die sich aber beide als nothwendig aus der Natur der Sache ergeben, in der Metaphysik zu vereinigen.

So können wir denn jetzt, gegen irrige Auffassungen gesichert, den normwidrigen Willen als einen kranken bezeichnen. Die Willenskrankheit besteht durch das abnorme Verhältniss des Einzelwillens zu den socialen Forderungen, sie ist also sociale Krankheit. Das hätten Maudsley, Benedict und Lombroso bedenken sollen, welche behaupten, dass der wahre Verbrecher durch seine körperliche Organisation zu seinen normwidrigen Thaten gleichsam prädestinirt sei. Von einer ursprünglich im Individuum liegenden sittlichen Missbildung könnte man nur dann reden, wenn das Sittliche eine ursprüngliche Eigenschaft des Individuums wäre, wenn Rechts- und Moralgebote unmittelbar aus dem Wesen des Einzelgeistes flössen. Da diese Gebote jedoch in der Gesellschaft ihren Ursprung haben, also nicht Natur-, sondern sociale Producte sind, so setzt es eine ganz wundersame, gerade der modernen Naturanschauung direct widersprechende Teleologie voraus, wenn man annimmt, dass die Natur in ihren Missbildungen sich direct gegen die Gesellschaft wende und eigene Mörder-, Diebs-, Fälschernaturen schaffe. Auch die Behauptung, dass die angeblichen Verbrechernaturen vermöge ihrer Organisation unfähig seien, auf sociale Motive zu reagiren, ist hinfällig und würde selbst, wenn sie richtig wäre, zur Lösung des Problems wenig beitragen. Denn die Handlung zeigt uns nur das Product des stärksten Motives, das über alle entgegengesetzten schliesslich den Sieg errungen hat, aber sie sagt uns Nichts von dem Kampfe, der dem Entschlusse vorangegangen ist, Nichts von dem Grade der Stärke, mit welchem die unterlegenen Motive sich geltend gemacht haben, Nichts von der Art, wie der Charakter auf diese reagirte. Nun ist es unmöglich, den Motivationsprocess bei einem Anderen — vielleicht sogar bei sich selbst — zu verfolgen, die erwähnte Behauptung bleibt also eine leere Hypothese, die überdies gerade das Gegentheil von dem leistet, was ihre Erfinder beabsichtigt haben. Wollte man nämlich annehmen, dass es

Menschen gibt, die absolut unfähig sind, die gesellschaftlichen Anforderungen an den Willen zu Motiven für denselben zu erheben, so heisst das nichts Anderes, als annehmen, dass es Individuen gebe, denen das wichtigste Merkmal der Menschennatur, welches den Menschen erst zum Menschen macht, fehle. Denn wer für sociale Motive unempfänglich ist, ist ein Thier und kein Mensch. An Stelle der grösseren Humanität gegen die unglücklichen Missbildungen, welche die oben Genannten wünschen, könnte daher ebenso gut die rücksichtsloseste Ausrottung jener Monstra treten; denn Humanität kann nur der Mensch von dem Menschen verlangen, dem Thiere gegenüber ist jedes Mittel der Sicherung erlaubt und Spinoza hat die richtige Consequenz dieser Auffassung gezogen, wenn er Verbrecher und Giftschlangen auf gleiche Linie stellt. [10]) Auch die Erklärung des Verbrechens als Atavismus von Seiten Lombroso's [11]) ist nicht geeignet, ein helleres Licht auf das Problem zu werfen. Denn Atavismus ist nicht nur eine Natur- sondern eben so sehr, ja sogar im grösseren Masse eine sociale Erscheinung. Denn die Gesellschaft, um überhaupt existiren zu können, muss nothwendigerweise aus ungleichartigen Elementen zusammengesetzt sein, welche ebensogut als ungleichzeitige angesehen werden können, weil der intellectuell und materiell Niedrigstehende dem Höherstehenden gegenüber die von diesem überwundene Vorzeit repräsentirt. Die Erscheinung des socialen Atavismus, auf dem zum Theile das Wohl und Wehe der Gesellschaft beruht, besagt eigentlich weiter Nichts, als diese Thatsache; sie erklärt aber Nichts, sondern bezeichnet mit einem wissenschaftlich klingenden Namen das ganze platte Werthurtheil, dass der Dumme tiefer steht als der Kluge, der Träge, als der Arbeitsame, der schlechte Mensch

[10]) *Rogabis enim denuo, cur igitur impii puniuntur; sua enim natura agunt et secundum decretum divinum. At respondeo, etiam ex decreto divino esse, ut puniantur; et si tantum illi, quos non nisi ex libertate fingimus peccare, essent puniendi, cur homines serpentes venenosos exterminare conantur; ex natura enim propria tantum peccant, nec aliud possunt.* Spinoza, *Cogitata metaphysica Pars II. Cap. VIII.*

[11]) C. Lombroso, *L'uomo delinquente studiato in rapporto alla antropologia, alla medicina legale ed alle discipline carcerarie. Milano 1876.*

als der gute Mensch. Die psychologische Aehnlichkeit zwischen Angehörigen niederer Rassen und Verbrechern, die Lombroso darzuthun sucht, beweist doch nur, dass der rohe Mensch überall dieselben Charaktereigenthümlichkeiten besitzt und trägt ebenfalls nicht dazu bei, die Verbrechen als die Producte dunkler unerforschbarer Naturgewalt erscheinen zu lassen.

Nicht in der Natur, sondern in der Gesellschaft werden wir die Ursachen der Willenskrankheit suchen müssen. So lange wir nur die psychologische Bewegung innerhalb des Individuums im Auge haben, so lange wir die Handlungen des Individuums als losgelöst von allen socialen Beziehungen betrachten, kommen wir gar nicht zu dem Begriffe des normalen und abnormalen Willens. Erst durch die Zweckbeziehung des Willens auf die sociale Norm entstehen diese Begriffe. Hier gilt das tiefsinnige Wort des Apostels Paulus (Röm. 4, 15.): „Wo das Gesetz nicht ist, da ist auch keine Uebertretung."

Die Normen sind sociale Producte, sie sind gegeben durch die Zwecke, unter welchen wir nothwendig die Gesellschaft auffassen. Die Handlung des Individuums, welche gegen die Norm gerichtet ist, welche Beziehung hat sie ihrem Ursprung nach zur Gesellschaft?

Da alles psychologische Geschehen sich uns theoretisch als vollständig determinirt darstellt, so gilt es, um die aufgeworfene Frage zu beantworten, die Motivationsprocesse zu untersuchen, welche in der Begehung eines Unrechts endigen. Diese Motivationsprocesse finden nun zwar gänzlich innerhalb des Individuums statt und es könnte scheinen, als ob die Uebertretung der Norm eine Thatsache allerpersönlichster Natur wäre. Aber wir haben uns vor Augen zu halten, dass das Individuum seinem ganzen Wesen nach aus einem bestimmten Gesellschaftszustand hervorgegangen ist, und dass die Motive, welche es bewegen, zum grossen Theile socialen Verhältnissen entspringen. Da tritt denn sogleich die Beziehung der Gesellschaft zu der normwidrigen Lebensbewegung in ihr deutlich hervor.

Im Folgenden soll in den äussersten Umrissen die causale Beziehung der Gesellschaft zu dem Unrechte ihrer positiven und negativen Seite nach hervorgehoben werden und zwar hauptsächlich zu der ausgeprägtesten und schädlichsten Form des Unrechts, dessen Begehung vom Staate mit Strafen bedroht ist, dem Verbrechen.

Wenn wir die Einwirkung der Gesellschaft auf das Individuum näher prüfen, so finden wir, dass sie eine doppelte ist. Die Gesellschaft erscheint nämlich einerseits als charaktererzeugend, andererseits als motivebildend. Fast alles, was das Individuum zu einem bestimmten, von anderen unterschiedenen Wesen macht, hat es theils physischen, theils socialen Einflüssen zu verdanken. Wenn man die psychologische Organisation eines Menschen gleich einer complicirten chemischen Verbindung in die Retorte bringen und dort zerlegen könnte, so würde man darin die von den Eltern ererbten physischen und psychischen Anlagen, den Einfluss des Klimas, der Bodenbeschaffenheit, der Nahrung, der Rasse, der Nationalität, der Sprache, Religion, Erziehung, der äusseren Lebensstellung, der politischen und gesellschaftlichen Verhältnisse und da diese Ergebnisse des vorangegangenen historischen Processes sind, der gesammten Geschichte wiedererkennen. So hat denn jedes Individuum eine Vorgeschichte, die nach Jahrtausenden zählt und ist erhalten und bewegt von Kräften, die uns nicht einmal der Zahl nach bekannt sind.

Darum ist es für unsere Wissenschaft und wohl auch für die Wissenschaft der fernsten Zukunft eine unlösbare Aufgabe, auch nur ein einziges Individuum aus den es verursachenden Causationsprocessen ohne Rest herauszurechnen; dazu gehörte die Kenntniss des ganzen abgelaufenen und gegenwärtigen Weltzustandes, denn dieser bestimmt die Stellung des Einzelnen im Raume und in der Geschichte, wie ja auch der ganze Ocean die Bewegung seiner kleinsten Theile bedingt und bestimmt. Es ist eine unendlich grosse Mitgift, welche der Mensch bei seinem Eintritte in das Leben und während seines Verweilens in demselben von Natur und Gesellschaft erhält: einen Körper mit complicirten, zum Dienste des Lebens brauchbaren Organen, an dessen Ausbildung die ganze Vergangenheit der organischen Welt in dem harten Kampfe um's Dasein gearbeitet hat; einen Geist, in dem psychische Fähigkeiten schlummern, welche der Entwickelung der Gattung durch Natur und Geschichte ihren Ursprung verdanken; die Sprache, welche in ihrem Baue die angehäuften Geistesschätze von hunderten Generationen enthält; die Familie, welche die ersten Regungen des kindlichen Geistes ausbildet und ihm zuerst seine Zusammengehörigkeit mit anderen Wesen einprägt; die Schule, in welcher er genährt wird mit den Producten der Geistesthätigkeit der Menschheit; die Religion, welche ihm das innigste und heimlichste Fühlen seiner Zeit über die letzten und höchsten Dinge entgegenbringt; endlich die Verhältnisse des praktischen Lebens, welche ihm den Platz anweisen, den er in der Gesammtheit einzunehmen hat. So ist der Mensch in der That eine Leibnizische Monade, die ein lebendiger Spiegel des Weltalls, die Fülle des Kosmos, wenn auch nur auf dunkle, verworrene Weise repräsentirt.

Die Thatsache, dass die Gesellschaft die Hervorbringerin der unendlich verschiedenartigen psychischen Organisationen ist, findet zum Theil ihre Bestätigung in den rythmisch wiederkehrenden Zahlen der Moralstatistik, denn wie Drobisch treffend bemerkt, weist deren Beständigkeit darauf hin, „dass in einem grösseren socialen Verbande die Veranlassungen und Gelegenheiten zu den Handlungen, auf welche sich jene Zahlen beziehen, alljährlich ziemlich gleichmässig wiederkehren, aber auch, dass die Zahl der Individuen, für welche entweder (wie bei den nicht leichtsinnig geschlossenen Heiraten) den Antrieben zum Handeln zu widerstehen, kein Grund vorhanden, oder in denen (wie bei den Verbrechen und Selbstmorden) der sittliche Widerstand zu schwach ist, sich im Ganzen ziemlich gleich bleibt“: [13]) So sind denn die Moralstatistiker dazu gelangt, zur Erklärung der von ihnen aufgefundenen Regelmässigkeiten in den Zahlen der socialen Handlungen umfassende socialnatürliche Verursachungssysteme aufzustellen, welche in den verschiedenartigsten Combinationen den Menschen bilden und sein Thun und Lassen beeinflussen. [14])

---

[13]) Drobisch, a. a. O. S. 54.

[14]) Vgl. Wagner, die Gesetzmässigkeit in den scheinbar willkürlichen menschlichen Handlungen. Hamburg 1864. S. 84—86. Oettingen, a. a. O. S. 300—312.

Die charakterbildende Thätigkeit, welche die Gesellschaft im Vereine mit der Natur vollbringt, kann blos in ihren äussersten Umrissen begriffen werden; das Getriebe, welches hier wirkt, ist so complicirt, die Zahl der bewegenden Kräfte eine so ungeheuere, dass es nach dem gegenwärtigem Stande der Wissenschaft — und vielleicht für immer — unmöglich ist, tiefer in diesen Mechanismus einzudringen. Eine verhältnissmässig leichtere, wenn auch mit Hindernissen der schwierigsten Art verknüpfte Aufgabe ist es, zu untersuchen, welches die Motive sind, die die Gesellschaft den Einzelnen unmittelbar zum Handeln darbietet, welches die constanten oder sich nur langsam ändernden Ursachen sind, aus denen die regelmässige Zahl der menschlichen Handlungen in grösseren Zeiträumen resultirt.

In diesen socialen Motiven herrscht durchaus nicht jene unendliche Mannigfaltigkeit, wie in den Charakteren; ein und dasselbe Motiv kann bei einer grossen Anzahl innerlich verschiedener Individuen äusserlich dieselbe Handlung hervorbringen. Wenn z. B. in Folge der steigenden Lebensmittelpreise fünfzig Individuen von ihrem Entschlusse zu heiraten abstehen, so mag der innere Kampf, der alle bewog, den gefassten Plan wieder aufzugeben, bei jedem der Stärke und Art nach ein anderer gewesen sein, der eine mag sich schwer, der andere leicht entschlossen haben, den einen Rücksicht auf die zukünftige Gattin und die erhofften Kinder, den anderen blos die Aussicht auf das nothwendige Aufgeben mancher Bequemlichkeiten bestimmt haben, das Resultat ist in allen Fällen dasselbe. So ungleichartig auch die psychologisch-ethischen Processe sind, welche durch sociale Ursachen hervorgerufen werden, so wenig zeigt sich diese Ungleichartigkeit in den Producten der Handlungen, in den Thaten, weil die Zahl derselben nothwendigerweise nur eine beschränkte sein kann. Ich kann entweder heiraten oder nicht, einen Selbstmord begehen oder den Gedanken an ihn zurückweisen, stehlen oder das fremde Eigenthum unberührt lassen, *tertium non datur*. Nur in der Art und Weise der Ausführung, in dem Grade des Effectes, der in der Aussenwelt durch die That hervorgerufen wird, kann der innerhalb des Individuums vorausgegangene Process zum Ausdrucke kommen.

Wenn wir besonders jene von den gesellschaftlichen Zuständen erzeugten Motive in's Auge fassen, welche geeignet sind, social schädliche Folgen nach sich zu ziehen, so finden wir, dass die verschiedenartigsten socialen Gebrechen eine und dieselbe äussere Ursache haben können. Nicht nur zu unmittelbar das gesellschaftliche Leben verletzenden Handlungen, sondern auch zu solchen, welche zwar im Allgemeinen nicht immer in einem ethischen Defecte wurzeln, aber doch in grossem Umfange geübt, dem Leben der Gesammtheit nicht minder unheilbringend werden, wie das Verbrechen, kann ein und derselbe Vorgang hindrängen, indem er auf Charaktere trifft, welche, je nach ihrer Eigenthümlichkeit, den empfangenen Anstoss in verschiedenen Richtungen fortpflanzen. Wenn z. B. in Folge einer Absatzkrise in einem Lande zehntausend Arbeiter beiderlei Geschlechts, die bisher einen verhältnissmässig hohen Lohn bezogen, entlassen werden, so wird Folgendes eintreten: Der grössere Theil der Arbeiter wird sich in seinen Bedürfnissen und Ausgaben einschränken und wird versuchen, wenigstens eine minder einträgliche Beschäftigung zu erhalten; einige, die dem angenehmen Leben, das sie bisher geführt hatten, nicht entsagen können, werden zu unrechtmässigen Mitteln greifen, um ihre Existenz zu verbessern; der eine wird stehlen, der andere betrügen, ein dritter vergreift sich wohl gar an der Person und dem Leben der Nebenmenschen; einige, unfähig ihre gedrückte Lage zu ertragen, werden verzweiflungsvoll ihrem Dasein durch Selbstmord ein Ende machen; andere wieder, die vor Angriffen auf fremdes Gut und das eigene Leben zurückschrecken, werden bettelnd umherziehen und der öffentlichen Mildthätigkeit zur Last fallen, oder sie werden, in engen dumpfen Höhlen in den grossen Städten zusammengepfercht, langsam verhungernd den Anlass zu ansteckenden Krankheiten geben und eine geistig und körperlich in gleichem Masse verkrüppelte und frühzeitigem Tode verfallene Nachkommenschaft heranziehen; eine Anzahl Weiber, die bisher einen unbescholtenen Lebenswandel führten, wird aus ihren Geschlechtseigenschaften Capital schlagen und der Prostitution in die Hände fallen. So kann es ein einziger Umstand sein, welcher Verbrechen,

Selbstmord, Prostitution, Bettelei, Vagabondage, Pauperismus, ansteckende Krankheiten, erhöhte Sterblichkeit und Depravirung der Generation hervorruft!

Bei der Wechselwirkung aller Glieder eines socialen Körpers ist es natürlich, dass auch zwischen den verschiedenen krankhaften Erscheinungen der Gesellschaft ein tiefer Connex besteht und daher eine Steigerung und Verminderung der einen auch in den anderen einen ähnlichen Process nach sich zieht. Dafür hat die Statistik zahlreiche Beweise geliefert. Ein tiefer Zusammenhang existirt zwischen Criminalität und gewerblicher Unzucht, die ein französischer Statistiker in die Formel gebracht hat: „Was dem Manne das Verbrechen, ist dem Weibe die Prostitution.“ Die Findelkinder liefern ein unverhältnissmässig grosses Contingent zu den stabilen Bewohnern der Gefängnisse. Chronische Trunkenheit ist nicht nur ein Zustand, der den mit ihr behafteten verbrecherischen Neigungen leichter zugänglich macht, sondern äussert auch noch seine Wirkung in der folgenden Generation, wo sie in vielen Fällen eine krankhafte Neigung zum Verbrechen zur Folge zu haben scheint. Die Thatsache, dass man von criminellen Classen sprechen und schreiben kann, beweist allein schon den innigen Connex, der zwischen der socialen Lage, Erziehung und sittlichen Beschaffenheit des Proletariats und der Häufigkeit und Intensität der Verbrechen besteht. Unter Menschen, die geistig auf der niedersten Stufe stehen bleiben, die keine anderen Genüsse als die rohesten sinnlichen kennen, die in engen Ställen zusammengedrängt leben, verbreiten sich nicht nur ansteckende Krankheiten, sondern auch sittliche Contagien mit reissender Schnelligkeit; die Quartiere des Proletariats sind auch die hohen Schulen des Verbrechens. Darum muss jede Thätigkeit, welche auf die Minderung irgend eines allgemeinen Volksleidens gerichtet ist, ihre heilsame Wirkung auch auf die Criminalität ausüben. Nicht nur die Philanthropie und die Grundsätze der Sittlichkeit, sondern auch die unmittelbare Sorge für die Sicherheit der Rechtsgüter verlangen unablässiges Wirken gegen das verheerende Umsichgreifen einer socialen Krankheit, in welcher Form sie auch auftreten mag. Und gerade bei der rasch fortschreitenden Civilisation unserer Tage erheischt es das eigenste Interesse der Gesammtheit, eine erhöhte Aufmerksamkeit allgemeinen Schäden gegenüber anzuwenden.

Denn in der Civilisation liegen nicht nur segensreiche, sondern auch schädliche Keime verborgen. Man will bei steigender Cultur nicht nur eine Zunahme des Irrsinns, sondern auch des Verbrechens bemerkt haben. Die fieberhafte Thätigkeit des modernen Lebens ist nicht nur aufreibender für den Geist, sondern auch verführerischer für das Herz, als die einfachen Zustände einer in idyllischer Ruhe lebenden Bevölkerung. Die grössere Anzahl der Bedürfnisse, die wachsenden Schwierigkeiten des Kampfes um's Dasein in der Gesellschaft, der lebhaftere Contact, in welchem, besonders in Grossstädten, die Menschen zu einander treten, erzeugen eine ungeheuere Menge von Antrieben zum Verbrechen. Daher ist auch für den modernen Menschen ein höheres Mass sittlicher Widerstandsfähigkeit nöthig, als für den niederer Culturgrade. Die ethischen Anforderungen werden mit steigender Civilisation nicht nur quantitativ, sondern auch qualitativ bedeutender. Man wird sich deshalb zu hüten haben, aus den steigenden Ziffern der Verbrechen u. s. w. auf eine sinkende Moralität zu schliessen. Vielmehr ist mit Kant zu behaupten, dass es manche Beweise gebe, „dass das menschliche Geschlecht, im Ganzen, wirklich in unserem Zeitalter, in Vergleichung mit allen vorigen, ansehnlich moralisch zum Besseren fortgerückt sey (kurz dauernde Hemmungen können nichts dagegen beweisen); und dass das Geschrei von der unaufhaltsam zunehmenden Verunartung desselben gerade daher kommt, dass, wenn es auf einer höheren Stufe der Moralität steht, es noch weiter vor sich sieht, und sein Urtheil über das, was man ist, in Vergleichung mit dem, was man seyn sollte, mithin unser Selbsttadel immer desto strenger wird, je mehr Stufen der Sittlichkeit wir im Ganzen des uns bekannt gewordenen Weltlaufes schon erstiegen haben.“ [14]) Wenn wir oben das

---

[14]) Kant, Ueber den Gemeinspruch: Das mag in der Theorie richtig sein, taugt aber nicht für die Praxis. W. W. VII. Bd., S. 224. — Vgl. auch die vortrefflichen Bemerkungen von Lange, a. a. O. II. Bd., S. 407 ff. Das vergisst Oettingen, der aus seinen Zahlenreihen den Schluss zieht, dass

Verbrechen als individuelle Willenserkrankung bezeichnet haben, so zeigte es sich nun in seiner Bedeutung für das Gesammtleben der Gesellschaft von einer neuen Seite. Die Regelmässigkeit und Stetigkeit seines Auftretens, die dauernden Perturbationen, welche es im socialen Leben hervorruft, die Constanz der Ursachen, durch welche es bedingt ist, lassen es als eine chronische Krankheit des socialen Körpers selbst erscheinen. Da die einzelnen Glieder der Gesammtheit in steter Wechselwirkung stehen — welche Thatsache allein es ist, die so häufig durch das dunkle Wort „organisch" ausgedrückt werden soll — so erstreckt sich die Störung in einem derselben auf alle übrigen. Wenn die Lunge erkrankt ist, so wird die Athmung, dadurch der Ernährungsprocess und hiedurch wieder das Gedeihen des ganzen Körpers gehindert; es kann jede Krankheit aufgefasst werden als unmittelbare Störung der normalen Functionen des von ihr ergriffenen Organes und als Störung in dem Gesammtleben des Organismus. Das Verbrechen, blos auf den Thäter desselben bezogen, stellt sich dar als eine von krankhafter Gesinnung zeugende That eines Einzelnen, in der Bewegung des socialen Lebens aber bedeutet es eine Hemmung des nothwendigen Strebens der Gesellschaft, die fortschreitende Entwickelung unseres geistigen, sittlichen und materiellen Seins herbeizuführen. Und diese chronische sociale Krankheit ist bedingt von Kräften

---

das Reich der Sünde immer mehr Raum gewinnt, und gleichsam einen statistischen Beweis für die Existenz des Teufels gibt. Da steigende Civilisation durch die grössere Verwickelung der socialen Verhältnisse mehr Motive zum Verbrechen, zur Prostitution u. s. w. gibt, so kann aus der steigenden Zahl der Verbrechen u. s. w. vielleicht auf eine constante Sittlichkeit geschlossen werden, aber sicherlich nicht auf wachsende Unsittlichkeit. Dass aber steigende Cultur steigende Widerstandsfähigkeit gegen unsittliche Motive zur Folge hat, das beweist, wie ich glaube, zur Genüge die Thatsache, dass uncivilisirte Stämme bei der Berührung mit Culturvölkern sich vermindern und untergehen. Sie werden mit den Genüssen der Civilisation bekannt, ohne die ethische Constitution zu besitzen, die Mass zu halten gebietet. Der sogenannte wilde Mensch ist dem Culturmenschen körperlich oft überlegen und erträgt Strapazen, an denen wir zu Grunde gehen müssten; es ist der Mangel sittlicher Widerstandskraft, der ihn dem Untergange weiht. Auch innerhalb der Culturstaaten lässt sich Aehnliches beobachten. Das Landmädchen, welches in die Grossstadt kommt, verfällt viel leichter der Prostitution als die Eingeborenen. (Parent Duchâtelet.)

und Mächten, welche in der Gesellschaft und der sie umgebenden Natur wurzeln. Das Verbrechen ist ein sociales Product. In dem gesammten Wesen des socialen Körpers, in der Summe der von der Gesellschaft ausgehenden Ursachen liegt der Grund der socialen Erscheinung des Verbrechens. Man könnte sagen, dass die Gesellschaft die Schuld an dem in ihr verübten Unrecht trage, wenn nicht der Begriff der Schuld ein persönliches, verantwortliches Wesen voraussetzen und durch seine Anwendung auf ein unpersönliches Collectivum der früher gerügte Fehler begangen werden würde, einem Begriffe metaphysische Wesenheiten als reale Existenzen zu supponiren.[15])

Die Erkenntniss, dass das Verbrechen sowie jede andere sociale Krankheit in der Gesammtheit der socialen Zustände seine Ursache hat, führt mit sich die Einsicht, wie schwer

---

[15]) Noch sehr spärlich sind die Versuche, welche gemacht wurden, um das Verbrechen als sociales Problem systematisch zu behandeln. Weder die mathematische Philosophie Quetelet's, dessen *homme moyen* mit seinem *penchant au crime* eine leere Abstraction ist, noch Oettingen, welcher gerade gelegentlich des Verbrechens seine Objectivität zu Gunsten gewisser Dogmen opfert (vgl. a. a. O S. 693, wo von dem Ueberhandnehmen der Sünde und der „geistigen dämonischen Machtentfaltung innerhalb der Geschichtsbewegung" die Rede ist), haben eine befriedigende Lösung gegeben. Die gelungenste Arbeit auf diesem Gebiete steht den moralstatistischen Untersuchungen ganz fern. Es ist das bekannte Buch von Avé L'Allemand: „Das deutsche Gaunerthum in seiner social-politischen, literarischen und linguistischen Ausbildung zu seinem heutigen Bestande", Leipzig 1858—62. Hier wird mit der eingehendsten, auf reicher praktischer Erfahrung und mühseligen, umfassenden historischen und philologischen Studien beruhenden Gründlichkeit das gewerbliche gegen das Eigenthum gerichtete Verbrechen, das Gaunerthum als ein „secundäres Uebel am siechenden social-politischen Körper selbst" nachgewiesen, welches nur dann ausgerottet werden könnte, wenn die Heilung des ganzen Körpers selbst gelang (I. Bd. Vorwort S. IX). Es wird gezeigt, wie das Gaunerthum aus dem deutschen Volkswesen sich entwickelte, wie der Krankheitsstoff von Generation zu Generation forterbte, wie eigene Sprache, Sitte und eine eigene sociale Solidarität in dieser krebsartigen Bildung entstand; Avé L'Allemand ist auch einer der Wenigen, die es vollkommen begriffen haben, dass nur durch die Gesammtheit der socialen Kräfte eine erfolgreiche Bekämpfung der scheinbar nur an einigen Individuen haftenden Volkskrankheit unternommen werden könne. Hervorzuheben sind auch die neuen italienischen Arbeiten über die Maffia und Camorra.

eine Heilung des Gesellschaftskörpers von dem ihm anhaftenden Uebel ist. Wenn schon die Pathologie bei ihrem Streben nach Auffindung der Ursachen vitaler Störungen auf unermessliche Schwierigkeiten stösst, so ist die Therapie, welche Mittel zur Compensation krankhafter Veränderungen sucht, wo möglich noch schlimmer daran, denn sie setzt die vollkommene Erkenntniss der pathologischen Vorgänge voraus, wenn sie irgendwie die roheste Empirie verlassen und nach wissenschaftlichen Grundsätzen verfahren will. Gilt das schon für den menschlichen Leib, so ist es in noch höherem Grade bei den unübersehbar complicirten gesellschaftlichen Vorgängen der Fall. Noch mehr als der Mediciner ist der sociale Arzt gezwungen, den grössten Theil des Heilungsprocesses Kräften zu überlassen, die zu beherrschen nicht in seiner Macht steht. Gering ist es, was bewusste Thätigkeit auf diesem Gebiete ausführen kann, schwer, dieser Thätigkeit bestimmte Regeln vorzuschreiben, nach denen sie zu verfahren hat. Aeusserst langsam sind die Veränderungen, welche im Wesen einer Gesammtheit vor sich gehen, und schnelle, dauernde Erfolge sind auch durch die rationellste Behandlung der Gesellschaft nicht zu erzielen. Fast wie ein Ideal erscheint uns der Staat, in welchem nicht gemordet, gestohlen, geraubt würde, und doch ist ein Zustand, in welchem wir blos gegen jede äussere Störung der Rechtsgüter gesichert sind, noch weit davon entfernt, die höchste Entfaltung unserer Fähigkeiten in sich zu schliessen.

Von den Mächten, welche auf die Entstehung oder Verhinderung von Verbrechen einen Einfluss haben, sind die, welche dem in jeder gesellschaftlichen Vereinigung zum Ausdrucke kommenden Naturfactor entspringen, fast gänzlich der absichtlichen Veränderung entrückt. Klima und Bodenbeschaffenheit, körperliche Eigenschaften und Triebe sind constant wirkende Ursachen, die schwer oder gar nicht durch menschliche Thätigkeit zu beeinflussen sind. Aeusserst schwierig ist es, auf den Nationalcharakter, auf die volkswirthschaftlichen Verhältnisse, auf die politischen und internationalen Zustände, auf Intoleranz der Religion und Sitte, auf das Familienleben, auf die literarischen und geistigen Strömungen, insoferne alle diese Momente an der Entstehung von Verbrechen betheiligt sind, eine nachhaltige bessernde Wirkung auszuüben. Es bleibt dem geschichtlichen Verlaufe des Volkslebens überlassen, die Störungen zu compensiren, welche aus der schädlichen Wirkung dieser socialen Kräfte hervorgehen.

In bewusster Weise wirken dem Verbrechen entgegen Religion, Sitte und Staat. Die Religion, die es unternimmt, an das Transcendente im Menschen und in der Natur anzuknüpfen und den letzten unerforschlichen Dingen eine jedem Bewusstsein zugängliche Deutung zu geben, sucht nothwendigerweise die egoistischen Triebe zurückzudrängen und eine gesellschaftliche Ordnung herbeizuführen, welche auf der gegenseitigen Liebe und Achtung der Gesellschaftsglieder beruht. Darum ist die Religion in allen socialen Fragen von der höchsten Bedeutung und die grossen Umwälzungen, welche sich in der modernen Zeit auf religiösem Gebiete vollziehen und deren Ziel noch gar nicht abzusehen ist, bilden den Gegenstand der vielleicht wichtigsten socialen Frage, der Frage nach der künftigen Gestaltung der Religion. Die ungeheuere Bedeutung dieser Frage wird erst klar, wenn man bedenkt, dass die Harmonie der Interessen, auf welche man den Bau des geselligen Lebens stützen wollte, ein trügerisches Fundament ist, das nur ein sorgloser Optimist für die dauernde, in allen Fällen sich erprobende Basis der Culturentwicklung halten kann; wenn man bedenkt, dass es zwar dem Denker oder künstlerisch begabten Menschen möglich ist, sich ohne Stütze einer bestimmten Glaubensform seine eigene sittliche Lebensanschauung zu bilden, nicht aber dem weitaus grössten Theile der Menschen, der nur wenig Zeit, und noch weniger Einsicht hat, um über sich und seine Beziehungen zu der Welt zu einem richtigen Urtheile zu gelangen; wenn man bedenkt, dass gemeinsame Ueberzeugungen die festesten Bande zwischen den Einzelnen bilden, und dass es oft nur die Gebote der Religion sind, welche die Möglichkeit eines sittlichen Verhältnisses zwischen Individuen herstellen können, die im Kampfe um die Existenz zur schonungslosen gegenseitigen Ausbeutung verleitet werden. Den Werth, welchen die Religion als allgemeines sociales Verständigungsmittel besitzt, haben die vergessen, welche auf Grund der neuesten wissenschaftlichen Resultate und des läuternden Gefühles für die Kunst einen neuen Glauben aufführen wollten; denn das ist ein Haupterforderniss einer jeden Religion, dass sie im Stande sei, alle Schichten eines Volkes zu durchdringen, dass sie das ethische und metaphysische Bedürfniss der Hohen wie der Niedrigen zu befriedigen vermöge. In diesem Sinne muss ein jeder Glaube die Fähigkeit haben, katholisch zu werden; die Ueberzeugungen, welche ihrer Natur nach nur auf wenige Auserwählte beschränkt bleiben, die in jeder Beziehung sich von denen der grossen Menge abscheiden, sind nicht Religion und können es niemals werden.[16]

Ihre grosse Rolle als Erweckerin und Lehrerin altruistischer Gefühle in allen Schichten des Volkes könnte die Religion aber nur dann erfüllen, wenn sie in ihrer concreten Gestaltung getragen wird von sittlichen Principien. Wenn im Laufe der Zeit um den reinen Kern dogmatische und hierarchische Gebilde sich festsetzen, und dadurch die innere Triebkraft des Stammes lähmen, wenn die Anforderungen der Confession in Widerspruch treten mit den Geboten des praktischen Lebens der Individuen und der Völker; wenn endlich gar das sittliche Bewusstsein sich feindlich gegenüber stellt den Lehrsätzen, welche eine Kirche als Grundsätze religiöser Moral predigt, dann bietet sich das bedauerliche Schauspiel dar, dass sociale Krankheiten durch eine Macht gefördert werden, welche vor allem dazu berufen ist, dem Einzelnen seine Verpflichtungen gegen den Mitmenschen und gegen das Ganze einzuprägen. Unduldsamkeit, Fanatismus, religiöse Verbote, welche der Möglichkeit wachsenden Wohlstandes oder den gebieterischen Anforderungen der Sinne schnurstracks entgegen laufen, blinde Ausübung auf äusserliches Thun gerichteter religiöser Vorschriften haben schon oft die trübe Quelle gebildet, der schwere sociale Erkrankungen entsprungen sind.

Die zweite grosse Macht, welche dem Verbrechen hemmend entgegentritt, ist die öffentliche Sitte. In der Sitte kommt

---

16) „Was ist heilig? Das ist's, was viele Seelen zusammen-
Bindet; bänd' es auch nur leicht, wie die Binse den Kranz."

der Charakter eines Volkes mit allen seinen guten und seinen schlechten Seiten zum reinsten Ausdruck. Die gegenseitigen Beziehungen der Einzelnen werden durch sie auf eine eigenthümliche Weise, oft ganz unabhängig von Religion und Recht geregelt und die Herrschaft, die sie auf Alle ausübt, ist vielleicht mächtiger, als die irgend einer anderen socialen Kraft. Jede gesellschaftliche Handlung empfängt vor ihrem Richterstuhle einen eigenen Werth, der zur Begehung oder Unterlassung derselben mächtig antreibt. In ihr wurzelt die bürgerliche Achtung, die Jedem zukommt, der sich von dem durch sie vorgeschriebenen Pfade nicht allzu weit entfernt. Dieser Achtung entspringt subjectiv das Gefühl der Ehre, das ist die Ueberzeugung, mit den Vorschriften der Sitte in Uebereinstimmung zu leben. Besonders in der modernen Gesellschaft ist das Ehrgefühl ein so integrirender Theil der Persönlichkeit geworden, dass eine Verletzung desselben sehr oft schmerzhafter empfunden wird, als ein Verlust an Eigenthum, ja sogar an Leib und Gesundheit. Der Druck der öffentlichen Sitte und des Ehrgefühls wirken von Aussen und von Innen her als ein Surrogat des Gewissens in zwingender Weise auf Viele, welche ihrer ethischen Constitution nach durchaus nicht zu den Gesunden gezählt werden können; und unübersehbar ist die Zahl gemeinnützlicher Handlungen und Unterlassungen, die dem Spiegelbilde ihren Ursprung verdanken, als welches man in den Augen Anderer erscheinen möchte.

Allein neben dem grossen wohlthätigen Einflusse, den sie ausübt, liegen in der Sitte viele Keime zu böser Wirkung verborgen. In ihr ist nämlich auch ein gutes Theil Irrationales enthalten, das besonders durch das Festhalten an äusserlichen, sinnlos gewordenen Formen genährt wird. Sie hat ferner durchaus nicht immer den richtigen Instinkt für das social Nützliche und Schädliche und sie billigt und lobt sogar Thaten, welche vor dem Forum der Sittlichkeit nicht bestehen können. Sie misst die Gefährlichkeit und Unsittlichkeit einer Handlung weniger nach der in ihr zum Ausdrucke kommenden schlechten Gesinnung oder der Grösse des schädlichen Erfolges, als nach dem Verhältnisse, in dem sie zu dem Ehrprincipe steht, das doch unter Umständen durch den geringsten Diebstahl härter verletzt wird, als durch die Tödtung eines Menschen. Die Sitte ist ferner meistens unerbittlich und unversöhnlich, sie vergisst einen Verstoss, der gegen sie begangen wurde, nie oder nur sehr schwer. Unterstützt wird ihr Beginnen, durch die Sprache, welche die vorübergehende einzelne Thätigkeit im Substantive fixirt und so zu etwas dem Individuum Inhärenten macht. A hat einen Diebstahl verübt, unter den zahllosen Handlungen, die er ausgeführt hat, befindet sich auch die eine, dass er sich am fremden Gute vergriffen hat; allein ist er dadurch ein Dieb geworden, d. h. einer zu dessen Wesen es gehört, zu stehlen und vor dem man sich unter allen Umständen zu hüten hat. An wie vielen Rückfällen ist nicht die Tyrannei der Sitte schuld, die sich beharrlich weigert, den abgestraften Verbrecher *in integrum* zu restituiren und ihn dadurch zurückstösst auf die abschüssige Bahn, der er vielleicht sonst entronnen wäre! Wie milde beurtheilt sie manche schwere Delicte gegen die öffentliche Sicherheit im Vergleiche mit geringen Verbrechen gegen das Eigenthum, wie gebieterisch heischt sie sogar den Strafgesetzen zum Hohn Zweikämpfe und unter Umständen Realinjurien!

Die höchste und eindringlichste Aufmerksamkeit hat aber der Staat dem Verbrechen zu widmen. Sind es doch seine eigenen Grundlagen und seine Zwecke, welche durch dieses sociale Uebel am meisten bedroht sind, das ihn hindert, der an ihn gestellten Aufgabe, durch seine schützende und verwaltende Thätigkeit die gemeinsamen Beziehungen der socialen Glieder zu ordnen und zu erhalten, gerecht zu werden. Der Mangel altruistischer Denkungsart, welcher sich in einer Verletzung fremden Eigenthums, der Person, der Ehre, der Sittlichkeit u. s. w. äussert, bedeutet stets eine Hemmung der staatlichen Functionen selbst, möge diese im einzelnen Falle noch so gering sein. Der Staat ist daher nothwendigerweise vor allem darauf hingewiesen, Mittel zu ersinnen, durch welche die Verbrechen wenigstens vermindert werden, und in seinem Interesse ist es hauptsächlich gelegen, an der Herbeiführung eines Culturzustandes zu arbeiten, welcher das Entstehen von Delicten zu verhindern weiss. Sociale Krankheiten jeder Art ergreifen am stärksten immer den gesellschaftlichen Factor, der in dem Fortschritte der Cultur die beherrschende Stellung unter den übrigen eingenommen hat.

Die wichtigste, bedeutsamste und folgenreichste Thätigkeit, welche der Staat dem Verbrechen entgegen zu stellen hat, ist die verhütende. Gegenüber einem jeden Uebel ist eine rationelle Prophylaxis der beste Schutz; hat die Krankheit den Körper bereits zu ergreifen begonnen, dann ist menschliche Kunst in vielen Fällen nicht mehr von Erfolg begleitet. Auch für den socialen Arzt ist das nichts Neues mehr. Schon Montesquieu hat es ausgesprochen mit den Worten: „*Un bon legislateur s'attachera moins à punir les crimes, qu'à les prévenir; il s'appliquera plus à donner des moeurs, qu'à infliger des supplices;*"[17] Beccaria hat in seinem berühmten Buche die prophylaktische Thätigkeit des Staates bereits ausführlicher zu behandeln gesucht[18] und Bentham hat ihr die eingehendste und systematischeste Untersuchung gewidmet.[19]

Es ist indess nichts schwerer, als dem Staate specielle, wirksame Vorschriften über die Art und Weise der Verhütung von Verbrechen geben zu wollen. Die Prophylaxis setzt ebenso wie die Therapie eine genaue Erkenntniss der Vorgänge und Kräfte voraus, denen begegnet werden soll, und es ist, wie schon bemerkt, fast unmöglich, das ganze Getriebe der verbrechenerzeugenden Kräfte zu durchschauen. Lange, dauernde, praktische Erfahrung und oft der intuitive Blick des genialen Staatsmannes können hier mehr helfen, als ganze Reihen theoretischer Betrachtungen. Nur in den allgemeinsten Umrissen sollen hier die Wege gezeichnet werden, welche der Staat bei Bekämpfung des Verbrechens einschlagen muss.

Wie erwähnt, erzeugt die Gesellschaft in doppelter Weise sociale Wirkungen, dadurch, dass sie charakterbildend und dadurch, dass sie motiveerzeugend ist. Der Staat kann daher ebenfalls in zweifacher Weise dem Ausbruche des Verbrechens sich entgegenstellen; er kann seinen Antheil an der Charakter-

---

[17]) *Esprit des lois l. VI ch. 12.*

[18]) *Dei delitti e delle pene* §. 41—45.

[19]) Bentham-Dumont, Grundgesetze der Civil- und Criminal-Gesetzgebung übersetzt von Beneke. Berlin 1830. II. Bd, S. 191 ff.

bildung dazu verwenden, in seinen Bürgern kräftige sociale Gesinnungen zu erwecken und er kann, soweit es in seiner Macht steht, die Motive wegräumen, welche geeignet sind, zu Verbrechen anzureizen. Den ersten Theil seiner Aufgabe wird er durch die erziehende Thätigkeit, die er ausübt, den zweiten durch seine allgemeine verwaltende zu erfüllen suchen. Da ein bedeutendes Moment in der Heranbildung der Jugend in der Hand der Schule gelegen ist, so ist der Staat als charakterbildende Macht vor allem auf diese angewiesen. Hier kann er bereits den jungen Gemüthern einprägen lassen, dass die Existenz des Menschen nur möglich ist in der Gesellschaft, und dass das Individuum der Gesammtheit — der vorausgegangenen und gegenwärtigen — alles verdankt, was es geistig und leiblich besitzt, dass also der Gesellschaft gegenüber die tiefste Verpflichtung des Einzelnen zur Dankbarkeit existirt.

Mit der Schule ist aber die erziehende Macht des Staates noch nicht abgeschlossen. Die politische Verfassung und das Wehrsystem tragen das ihrige dazu bei, die Ordnungsliebe und die Achtung vor dem Gesetze in den Bürgern zu heben und dadurch die Summe socialer Gefühle und Denkungsart zu vergrössern. Besonders wichtig für die Ausbildung des Interesses an der Gesammtheit ist das Mass politischer Rechte, das dem Einzelnen gewährt wird und die Art, wie sie benutzt werden. Durch den thätigen Antheil an den gemeinsamen Angelegenheiten wird das praktische Gefühl der Solidarität aller Mitglieder eines Staates erhöht und eine starke Schutzmauer gegen das Hervorbrechen egoistischer Triebe zum Unheile des Ganzen gezogen. Endlich kann der Staat den Charakter seiner Bürger bilden durch das Beispiel, welches er in der Ausführung seiner Aufgaben und in der Aufführung seiner Leiter Allen giebt. Bei dem ungeheuren Einflusse der Handlungsweise einer allgemein anerkannten Autorität auf den Nachahmungstrieb der Menschen können die Träger der Staatsgewalt nicht vorsichtig genug sein in der Wahl der Mittel, durch welche staatliche Zwecke erreicht werden sollen. Ist eine Regierung ehrlich, offen, worthaltend, so finden diese Eigenschaften hundertfältig Nachahmung; tausendfältig aber ist die Wirkung, welche ein corrumpirtes Benehmen der herrschenden Kreise hervorruft. Wehe dem Staate, dessen Diener nicht die sittliche Kraft haben, ihre persönlichen Interessen dem öffentlichen Wohle hintanzusetzen! In dem bösen Beispiele, das die öffentliche Autorität giebt, liegt vielleicht das schwerste Moment socialer Verschuldung, wenn man von einer solchen reden will.

In dem Bestreben, Motive zum Verbrechen hinwegzuschaffen oder dem zum Verbrechen geneigten Willen Motive zur Unterlassung des Delicts zu geben, kann der Staat in doppelter Weise verfahren. Entweder er sucht die fernstehenden, das Verbrechen als allgemeine sociale Krankheit verursachenden Momente zu erkennen und diesen durch geeignete Mittel entgegen zu wirken, oder er strebt danach, den zum Verbrechen geneigten Personen die Gelegenheit zur Ausführung desselben zu benehmen, also den schädlichen Wirkungen der individuellen Willenserkrankung zuvorzukommen. Den ersteren Erfolg kann er durch seine allgemeine verwaltende, den zweiten durch seine polizeiliche Thätigkeit im engeren Sinne erreichen. Das Hinwegschaffen allgemeiner verbrechenerzeugender Motive ist die schwierigste, aber auch lohnendste Arbeit des Staates. Abgesehen von den Hindernissen, welche sich der klaren Erkenntniss constanter socialer Ursachen entgegenstellen und der häufigen Unmöglichkeit, ihnen durch überlegtes Wirken entgegen zu treten, erfordert es selbst in jenen Fällen, wo bewusste Thätigkeit etwas ausrichten kann, die höchsten Anstrengungen, die radicale Heilung eines socialen Gebrechens vorzunehmen. Ist es aber einmal gelungen, auf diesem Gebiete ein bleibendes Resultat zu erzielen, dann ist die Gesellschaft wirklich um einen Schritt vorwärts gebracht, denn mit dem Motive zum Verbrechen ist ja in vielen Fällen zugleich eine Ursache anderer gesellschaftlicher Schäden fortgeschafft, und da dauernd wirkende Motive einen mächtigen Einfluss auf die Charakterbildung haben, so ist mit ihrer Beseitigung zugleich ein Fortschritt in dem charaktererzeugenden Mechanismus der Gesellschaft geschehen.

Zu einer verhältnissmässig hohen Ausbildung hat der moderne Staat bereits den sicherheitspolizeilichen Apparat gebracht, durch welchen er im einzelnen Falle dem Verbrechen vorbeugt oder den Thäter eines bereits verübten Delicts erforscht und ergreift. Hierin liegt das sichtbare Moment der socialen Prophylaxis; nicht mehr der psychologische Process, welcher in der verbrecherischen Handlung endet, wird zu verhüten gesucht, sondern nur dem unheilvollen Ausbruch der Krankheit nach Aussen oder den schlimmen Folgen derselben entgegen gearbeitet; die Thätigkeit des Staates ist hier bereits direct gegen den werdenden und den vollendeten Verbrecher gerichtet. Es erfordert die grösste geistige und physische Anstrengung, das beginnende Laster in seine Brutstätten zu verfolgen, aus den unbedeutendsten Anzeichen dem entflohenen Uebelthäter auf die Spur zu kommen. Mit der Entwickelung der modernen Gesellschaft bildet sich auch das gegen Leben und Eigenthum gerichtete Verbrechen immer complicirter aus und die Polizei muss gleichen Schritt halten mit dem geistigen Fortschritte, der auch in dem faulsten Gliede der Gesellschaft stattfindet. Erschwert und gehindert wird die Aufgabe der Polizei durch die physische und rechtliche Unmöglichkeit, jeden Menschen zu überwachen, durch die freie Bewegung, welche der moderne Staat dem Individuum gewähren muss. So wichtig auch die Leistungen der Polizei sind, so kann sie doch auch in idealster Vollkommenheit nicht jedes Verbrechen im Entstehen ersticken und jeden verborgenen Missethäter an's Licht ziehen. Von ihr allein ist so wenig, als von irgend einer anderen staatlichen oder gesellschaftlichen Function, die Sicherung vor den Folgen eines socialen Uebels zu erwarten.

Trotzdem nun aber Religion, Sitte und Staat mit den ihnen zu Gebote stehenden Mitteln an der Unterdrückung des Unrechts arbeiten; trotzdem die übrigen in der Gesellschaft wirkenden Kräfte oft ihren Einfluss mit dem bewussten Thun der Menschen vereinigen, bricht das Leiden bald an dieser, bald an jener Stelle in den verschiedensten Formen hervor. Nur zurückgedämmt wird seine Macht, nur eingeschränkt das Gebiet, welches von ihm verletzt wird. Aber die dunklen, nicht zu beherrschenden Gewalten, welche thätig sind an dem Webstuhle der Menschengeschicke und die Fehler selbst, welche die Menschen in der Ausführung ihrer bewussten Absichten begehen, lassen das schleichende Gift in dem Körper der Gesammtheit unablässig thätig sein. Wenn nun die Wunde sich öffnet und in geringem oder grossem Masse an dem Organismus nagt, welche Mittel hat der Arzt, um dem zerstörenden Process Halt zu gebieten? Was hat die Gesellschaft gegenüber dem vollzogenen Verbrechen, dem vollbrachten Unrechte überhaupt zu thun, welches ist das Mittel, die hervorgerufenen socialpsychologischen Störungen wieder auszugleichen?

Viertes Capitel.

Die Strafe.

Seit den ältesten Zeiten hat man über die Bedeutung der Strafe nachgedacht. In der Unzahl von Strafrechtstheorien, welche seit den Tagen der Griechen bis auf unsere Zeit herab aufgestellt wurden, lassen sich zwei Hauptgruppen unterscheiden. Die erste betrachtet die Strafe als eine ethische, die zweite als eine sociale Nothwendigkeit. Die Theorien der ersten Classe stellt die Strafe als etwas absolut Nothwendiges hin, das seinen Zweck in sich selbst trägt. Sie gehen aus von der Gewissheit einer absoluten Erkenntniss, wenigstens auf sittlichem Gebiete, und stehen und fallen mit dieser. Sie haben speciell in Deutschland unter den hervorragendsten Philosophen Vertreter gefunden. Die Strafe wird von ihnen aufgefasst entweder als unmittelbarer Inhalt eines kategorischen Sittengesetzes oder als dialectisches Moment in dem Processe, welchen das Recht durch seine Negation hindurch zu seiner Wiederherstellung zu machen hat, als ein Gebot der göttlichen Autorität oder als Aufhebung eines absoluten Missfallens an der durch das Verbrechen hervorgerufenen Ungleichheit zwischen Verletzer und Verletztem. So verschiedenartig auch die Begründung der Strafe ausfällt, je nachdem von dem einen oder dem anderen ethischen Principe ausgegangen wird, so stimmen diese Lehren doch alle darin überein, dass das Wesen der Strafe in die Vergeltung gesetzt wird.

Zu den Grundeigenschaften der nur einigermassen entwickelten organischen Wesen gehört es, dass sie auf äussere physiologische oder psychische Reize reagiren.[1]) Die Sonnenblume wendet sich den wärmenden Strahlen zu, die *Dyonaea muscipula* schliesst ihre Blüthendecke, wenn ein Insect die Härchen berührt, mit welchen sie inwendig ausgepanzert ist. Ist dieser Reiz in feindlicher Absicht hervorgerufen, so ist die Reaction auf die Vernichtung oder das Unschädlichmachen des Störefriedes gerichtet. Die Biene kehrt ihren giftigen Stachel gegen denjenigen, der in ihre Zellen eindringen will, der Hund schnappt nach dem Räuber seines Frasses, das Kind zertrümmert das Spielzeug, an dem es sich ein Weh gethan hat. Auch bei den erwachsenen Menschen setzt sich jeder feindliche persönliche Angriff von Aussen in eine reflectorische Thätigkeit gegen den Urheber um. Auf dieser reflexartigen Reaction des Individuums gegen äussere Störungen seiner Integrität beruht die Rache, welche die Ursachen einer solchen Störung zu vernichten sucht. Der Naturtrieb der Rache kennt kein anderes Mass als die Grösse der Erregung und der Actionskraft, die in dem betreffenden Individuum angesammelt sind. Wird der Naturtrieb, der rein egoistisch ist, gemässigt durch altruistische Rücksichtsnehmung auf das Individuum, gegen welches er gerichtet ist, so veredelt sich die Rache zur Vergeltung, jedoch ohne ihre Herkunft von dem allgemeinen organischen Grundtriebe zu verläugnen.

Unter den sittlichen Ideen der Völker hat vielleicht keine eine grössere Rolle gespielt, als die der Vergeltung. Eben weil sie tief zusammenhängt mit unserer sinnlichen Natur, lag die Versuchung nahe, in ihr ein ewig waltendes Gesetz der Gottheit und der Welt zu erblicken. Besonders die Religionen haben sich dieser Idee bemächtigt und das menschliche Leben gleichsam als eine Afficirung der Gottheit aufgefasst, gegen welche diese in einem jenseitigen Dasein die gerechte Reaction üben werde. Die Vorstellungen eines Volkes und einer Zeit über das Jenseits hängen innig zusammen mit seinem Strafrechtsbewusstsein; die einen oder die anderen

---

[1]) Schon die unorganische Materie bietet in der auf der Undurchdringlichkeit beruhenden Widerstandskraft ein Analogon der Reaction auf äussere Störungen dar.

können geradezu als Culturmesser gelten. Je mehr die Hölle als ein Ort entsetzlicher und endloser physischer Qualen gedacht wird, desto mehr trägt das Strafrecht den Charakter der Rache. Die Schilderung der Leiden der Verdammten, wie sie der grosse italienische Dichter entwirft, beleidigen heute in ihren Details unser Gefühl, aber sie sind vollkommen angemessen einer Zeit, in welcher geblendet, geviertheilt, gerädert und verbrannt wurde.

Die Idee der Vergeltung, die unserer Natur inhärent ist und durch die religiöse Erziehung in uns weiter ausgebildet wird, stand auch den Verfechtern der absoluten Theorie schon unbewusst fest, noch ehe sie an das scheinbar auf dem Wege der Deduction erreichte Ziel gelangten. Es wurde von ihnen ein Bedürfniss der Natur auf die Welt der Thatsachen projicirt und der uralte Trugschluss begangen, dem von uns Gewünschten müsse eine absolute Realität entsprechen. Am naivsten ist dies bei Kant geschehen. Von ihm wird die Strafe ohne Weiteres als ein Vernunftgebot hingestellt. Mit demselben Rechte könnte man sie aber mit Plato als ein Gebot des Unvernünftigen, des Thierischen in uns bezeichnen.[2]) Ob in einem Systeme, welches das sittliche Gebot nur aus Achtung vor dem Gesetze zu vollziehen befiehlt, der Begriff der Vergeltung, welcher unzertrennlich ist von dem des Lohnes und der Strafe, seinen Platz finden kann, möchte sehr zu bezweifeln sein. Ich halte die Deduction der Strafe für einen jener Punkte, durch welchen Kant den kategorisch hinausgewiesenen Eudämonismus wieder in sein System schlüpfen lässt. Eine Ethik, welche auf dem Principe der sittlichen Autonomie aufgebaut ist, dürfte doch Lohn und Strafe nur in den Thaten selbst finden.[3])

Der unmittelbare Inhalt des Kant'schen Vernunftgebotes verwandelt sich in den Bau des Hegel'schen Systems in die dialectisch nothwendige Bewegung, welche das durch das Un-

---

[2]) οὐδεὶς κολάζει τοὺς ἀδικοῦντας πρὸς τούτῳ τὸν νοῦν ἔχων καὶ τούτου ἕνεκα, ὅτι ἠδίκησεν, ὅστις μὴ ὥσπερ θηρίον ἀλογίστως τιμωρεῖται. Protag. p. 324.

[3]) Vergleiche die oben Seite 62 citirte Stelle aus der Kritik der reinen Vernunft, welche in richtiger Consequenz der Lehre von der intelligiblen Freiheit die Unmöglichkeit der irdischen Vergèltung behauptet.

recht negirte an sich seiende Recht durch eine zweite Negation zum wirklichen und geltenden Rechte erhebt.[4]) Es ist hier nicht der Ort und hiesse nur, oft Gesagtes wiederholen, sich in eine eingehende Kritik der Hegel'schen Philosophie und ihrer Methode einzulassen. Tieferen Untersuchungen des Wesens der logischen Kategorien ist es gelungen, den wissenschaftlichen Werth, oder vielmehr Unwerth der Hypostasirung logischer Formen nachzuweisen. Schopenhauer hat den Spiess umgekehrt und findet in dem Rechte nur eine Negation des ursprünglichen Unrechts. Der reale Inhalt eines Begriffes wird durch seine Form nicht gewonnen und alle Versuche, jenen aus dieser ableiten zu wollen, sind im besten Falle eine geistreiche Danaidenarbeit. Eher lässt sich eine Schöpfung aus Nichts begreifen, als dass jene sich selbst vernichtenden und aus der Asche ihres Andersseins in grösserer Fülle sich erhebenden abstracten Begriffe die unfassbare Fülle der Realität erzeugt haben.

Die Hegel'sche Ableitung des Strafrechtes hat unter den Juristen viele Anhänger gefunden und heute noch ist ihre Herrschaft nicht verschwunden. Gerade an dem Juristen findet die dialectische Philosophie einen Geistesverwandten. Wer immer gewohnt ist, nur mit Begriffen zu operiren, das Leben nur mittelst der Brille des Begriffes zu betrachten, dem muss mit psychologischer Nothwendigkeit das Abstracte zu einer immer concreter werdenden Existenz heranwachsen. Die andauernde Beschäftigung mit dem rein Formalen verleitet leicht zu dem Glauben, nur in ihm die Wirklichkeit der Dinge zu suchen und die Incongruenz des Realen mit dem durch die Idee Geforderten den dunklen Mächten des Zufalles und der Unvollkommenheit menschlicher Institutionen zuzuschreiben. So ist die Jurisprudenz dasjenige wissenschaftliche

---

[4]) Die von Hegel behauptete Nothwendigkeit des Unrechts (Grundl. d. Philosophie d. Rechts., W. W. VIII., §. 82, S. 123, §. 97, S. 132), welche dem Verbrecher wenigstens den süssen Trost lässt, durch seine Unthat die dialectische Entwickelung des Rechts gefördert zu haben, ist weiter nichts als eine Abstraction aus dem einfachen socialpsychologischen Factum, dass die der Uebertretung einer Rechtsbestimmung folgende Reaction gegen den Uebertreter die Achtung oder Furcht vor der Rechtsnorm erhöht.

Gebiet, auf welchem Hegel bis in die Gegenwart verhältnissmässig den stärksten Einfluss bewahrt hat, während für die anderen Disciplinen die Wirkung des gewaltigsten Systemes, das der deutsche Idealismus producirt hat, doch schon mehr oder weniger ein historischer geworden ist.

Als praktisches Princip zur Bestimmung der Strafgrösse hat Hegel den Werth angegeben, den das Verbrechen besitzt und der in einen gleich grossen Strafwerth umgesetzt werden soll. Dass solche absolute Werthe im Felde der Endlichkeit nicht aufzufinden sind und hier nur eine perennirende Annäherung möglich ist, erkennt er selbst an[5]) und unterlässt es daher, die Strafwerthe zu bestimmen. Damit war dem Juristen und Philosophen Gelegenheit gegeben, einerseits an die historische Entwickelung der Strafrechtsbegriffe anzuknüpfen, andererseits mit der Strafe praktische Zwecke zu verbinden. Aber sie hielten an den Worten des Meisters fest, dass in der Theorie der Strafe der Verstand nicht ausreiche, sondern es wesentlich auf den Begriff ankomme.[6]) So wird von ihnen, und nicht von ihnen allein, sondern auch von Vielen, die anderen philosophischen Anschauungen huldigen, nach dem reinen Begriffe der Strafe gesucht, an dem diese ihre eigentliche Wesenheit besitzt, nach dem *nomen*, welches entweder *ante rem* erst die Wirklichkeit hervorbringt, oder wenigstens *in re* als die belebende und bewegende Essenz steckt. Der eine findet diese Essenz in der Wiederherstellung des verletzten Rechts, in der Tilgung der Schuld an und im Verbrecher; der Zweite lässt die Idee, dass die Unverletzlichkeit des Rechts durch die Strafe aufgezeigt werden müsse, erst als das Resultat der historischen Entwickelung hervortreten; ein Dritter erkennt den Kern der Strafe in der Vernichtung der Herrschaft, welche der Verbrecher durch seine Unthat aufgerichtet hat; ein Vierter in der gerechten Reaction, welche die als ein Individuum aufgefasste Menschheit für ihre Sünden erfährt u. s. w. Dieses Suchen nach der Idee der Strafe erinnert lebhaft an die An-

---

[5]) A. a. O., §. 101, S. 138.

[6]) A. a. O., §. 99, S. 133.

strengungen der deutschen Naturphilosophie am Anfange unseres Jahrhundertes, das Wesen der Naturprocesse und Naturkräfte, z. B. des Chemismus, der Elektricität, des Lichtes etc. begrifflich festzustellen. Denn hier wie dort wurde nicht die Erfahrung um Aufschluss befragt, sondern es der Phantasie überlassen, die Erscheinungen nach ihren willkürlichen Einfällen zu meistern oder unvollkommene Inductionen zu philosophischen Principien zu erheben.

Eine solche unvollkommene Induction liegt auch jenen weit verbreiteten Vorstellungen von Aufhebung und Wiederherstellung des Rechts zu Grunde. Das Verbrechen erzeugt in der Gesellschaft das Gefühl der Rechtsunsicherheit und die Empörung über die Uebertretung einer Rechtsnorm. Durch die Strafe, welche dem Verbrecher zu Theil wird, kehrt das Gefühl der Sicherheit und Ruhe zurück. Es haben also zwei socialpsychologische Processe stattgefunden, der eine durch das Verbrechen, der andere durch die Strafe hervorgerufen, welche sich im Grossen und Ganzen in ihren Wirkungen compensiren. Da entsteht denn der Schein, als hätten diese Vorgänge nicht in dem Gemüthe der Menschen, sondern in den Begriffen an sich ihre Wirklichkeit, und so liegt denn unter den hochklingenden speculativen Phrasen eine gemeine empirische Thatsache verborgen. Nun ist die Function der Strafe, wie wir später sehen werden, durchaus nicht auf die erwähnte psychologische Compensation beschränkt und ausserdem nicht das ausschliessliche Mittel, um die durch das Verbrechen hervorgerufenen Wirkungen wett zu machen. Wenn der Missethäter dem Arme der Gerechtigkeit entrinnt, so übernimmt es die Zeit, die vom Unrecht geschlagenen Wunden zu heilen. Die Erinnerung an das Verbrechen entschwindet nach und nach aus dem Bewusstsein des Menschen und damit fallen auch die schädlichen Folgen weg, die es für die Rechtsordnung hat. Da ein Theil der Delicte, und vielleicht ein nicht geringer, entweder nicht zur Anzeige kommt oder durch die gelungene Flucht des Thäters sich der Strafe entzieht, so wäre es sehr erwünscht, zu erfahren, wer denn in diesen Fällen das dialectische Geschäft der Wiederherstellung des Rechts zu übernehmen hat. Nach Hegel müsste hier das Recht hülflos in seinem Andersein verharren, ohne je Aussicht zu haben, aus dem Stande der Nichtigkeit sich zur Wirklichkeit erheben zu können. Oder ist hier eine jener Thatsachen vorhanden, vor welchen der stolze Panlogismus zu Gunsten des alogischen Zufalls abdicirt?

Die Sophismen, mittelst welcher die Wissenschaft der Umkehr die Strafe als ein absolutes Gebot Gottes zur Offenbarung seiner Herrlichkeit nachweisen wollte, können hier füglich mit Stillschweigen übergangen werden, zumal diese Fassung der absoluten Theorie nur wenig Anhänger gefunden hat. Wichtiger als die theologische Form ist die ästhetische, unter welcher die Vergeltung als absolutes Strafprincip sich darzustellen sucht.

Es ist unbestreitbar richtig, dass das Zurückfallen der Folgen einer Uebelthat auf den Thäter unser Wohlgefallen erregt. Die Uebelthat zerrüttet durch die Erregung, welche sie hervorruft, die Harmonie unseres Wesens, der Anblick der Bestrafung stellt das gestörte Gleichgewicht unserer Natur wieder her. Treffend nennt daher Leibniz die Vergeltung: *rapport de convenance, qui contente non seulement l'offensé, mais encore les sages, qui la voient; comme une belle musique ou bien une bonne architecture contente les esprits bien faits.* Vor dem ästhetischen Auge erscheint die Vergeltung und die auf sie gegründete strafende und lohnende Gerechtigkeit als die, die Gegensätze vereinigende, die Dissonanzen lösende, die einander widerstreitenden Einzelwesen zur Einheit des Kosmos zusammenfassende Macht. Daher sehen wir überall Gerechtigkeit walten, wo die Harmonie eines Ganzen durch den Einzelnen gestört und dieser dafür zurückgedrängt wird; daher nennen wir es poetische Gerechtigkeit, wenn in der Tragödie das grosse Individuum, das sich gegen die objectiven Schranken seiner Individualität empört hat, im Kampfe mit den beherrschenden Mächten des Menschendaseins untergeht. Aber eine wissenschaftliche Betrachtung der Welt wird sich hüten müssen, in dem realen Geschehen unmittelbar die Verwirklichung einer ästhetischen Nothwendigkeit zu suchen. Alle schöngeistigen Auffassungen der socialen Probleme können zwar einem individuell-subjectiven, aber nicht dem allgemeinen objectiven Bedürfnisse nach Erkenntniss genügen. Die echte Wissenschaftlichkeit behandelt alle ihre Aufgaben, *„ac si quaestio de lineis, planis aut de corporibus esset"*.[7])

Dem ästhetischen Charakter seiner Ethik gemäss hat Herbart die strafende Vergeltung als ein absolutes Sollen hingestellt, welches aus dem ursprünglichen, nicht weiter reducirbaren allgemeinen Geschmacksurtheile folgt, wonach die durch das Unrecht hervorgerufene Ungleichheit zwischen Verletzer und Verletztem ein Missfallen hervorruft. Bekanntlich hat Herbart die Aufzeigung der ethischen Ideen für die letzte Grenze in der Forschung nach dem Wesen des Sittlichen erklärt. Wenn wir uns aber durch sein unmotivirtes Machtgebot nicht abhalten lassen, noch einen Schritt weiter zu gehen, so finden wir wieder jene oben erwähnte psychologische Thatsache, welche Hegeln als Substrat seiner dialectischen Bestimmung der Strafe gedient hat. Und diese psychologische Thatsache hinwieder entspringt dem allgemeinen organischen Grundtriebe der energischen Reaction auf äussere Störungen, so dass die vermeintliche ethische Idee zuletzt im Physischen endigt.

Der innige Zusammenhang der Vergeltungsidee mit unserer Organisation und Erziehung ist nicht der einzige Grund, weshalb sie eine so hervorragende Rolle in den modernen deutschen Theorien der Strafe spielt. Auch ab-

---

[7]) Für eine solche ästhetische Auffassung der Vergeltung halte ich die von Merkel aufgestellte Theorie der vergeltenden Gerechtigkeit (s. Merkel, Criminalistische Abhandlungen. Leipzig 1867, I., S. 104 ff.), nach welcher die Menschheit in ihren Schicksalen den Lohn ihrer Tugenden und ihrer Sünden durch die Geschichte erhält und auch die menschliche Strafgerechtigkeit unbewusst dazu dient, die Reaction des „grossen Lebendigen" auf seine Thaten zu vollziehen. Mit speculativen Dogmen pflegt es wie mit religiösen zu gehen. Sind sie in ihrer ursprünglichen Form nicht mehr haltbar, so werden sie umgedeutet, bis sie einen brauchbaren Sinn bekommen. Einer anderen Umdeutung der Vergeltung begegnet man bei v. Bar, der sich von dem Glauben an die absolute Nothwendigkeit der strafrechtlichen Vergeltung zu befreien gewusst hat: „Es wird nicht sowohl dem Verbrecher vergolten, als dass er selbst zu vergelten hat, was er früher zur Entwickelung der Menschheit nicht beigetragen, oder wenn man den Ausdruck lieber will, der Entwickelung in den Weg gelegt hat." Die Grundlagen des Strafrechts. Leipzig 1869, §. 15.

gesehen von der angeblichen absoluten ethischen Forderung, der sie entspringen soll, wird eine Reihe von Hypothesen angeführt, um sie für die einzig mögliche sittliche Grundlage der Strafe zu erklären. Der vergeltende Charakter der Strafe soll allein die auch im Verbrechen vorhandene Menschenwürde wahren, während die sogenannten relativen Theorien den Menschen zu einem Mittel für die Gesellschaftszwecke herabsetzen und denselben seine sittliche Selbständigkeit, seine Persönlichkeit zum Opfer bringen. Die Vergeltung soll es ferner sein, welche dadurch, dass sie die innere Gleichheit von Verbrechen und Strafe fordert, das gerechte Mass in die Strafe bringt, welches sonst der Willkür preisgegeben ist. Die Vergeltungsidee allein soll es dem Verbrecher ermöglichen, die Strafe als eine gerechte, ihm als Consequenz seiner That zukommende zu empfinden.

Nach der absoluten Theorie besteht das Wesen der Strafe auch darin, dass sie nicht ein Mittel zu einem Zwecke ist, sondern selbst einen letzten Zweck darstellt. Sie ist „Selbstzweck", mit welchem wohlklingenden Namen deutsche Speculation gar manches Ding beehrt hat, um es als etwas ganz besonders Hohes und zu Ehrfürchtendes zu bezeichnen. Unter den vielen Mäntelchen, hinter welchen metaphysischer „Tiefsinn" sein wissenschaftliches Unvermögen zu verbergen sucht, ist der „Selbstzweck" eines der beliebtesten und gesuchtesten. Sittlichkeit, Staat, Persönlichkeit, Organismus, Strafe u. s. w. werden unter diesen Begriff gebracht, der an wissenschaftlicher Schärfe in der *causa sui* eine ebenbürtige Schwester hat.

Dieser angebliche Charakter der Strafe als einer ihren Endzweck in sich tragenden Handlung wird von Kant dadurch motivirt, dass sie die Erfüllung eines kategorischen Imperativs ist, also nur um des Sittengesetzes willen stattzufinden habe, bei Hegel hingegen durch ihre Aufgabe, die Nichtigkeit des im Verbrechen sich manifestirenden Willens darzuthun. Nach dem letzteren wird der Verbrecher unter das Gesetz, das er selbst durch seine Handlung aufgestellt hat, subsumirt, er wird dadurch, dass die Strafe als sein eigenes Recht enthaltend angesehen wird, als Vernünftiger geehrt;

diese Ehre wird ihm nicht zu Theil, wenn er als Mittel für die Gesellschaftszwecke benutzt wird.

Nach dem oben dargelegten Wesen der Vergeltung ist es klar, dass auch sie die Strafe zu einem Mittel zur Erreichung eines socialen Zweckes macht, nämlich der Beruhigung der durch das Verbrechen hervorgerufenen allgemeinen Erregung. Nur dadurch, dass man die Vergeltung als ein Gebot auffasst, welches Gott oder die Vernunft, oder das innere Bewegungsgesetz der Idee dictirt, kann der Schein entstehen, dass die Strafe das letzte Glied in der Reihe der Zwecke sei, und dass sie gegen den Verbrecher einer höheren Nothwendigkeit gemäss handle, welche demselben etwas zukommen lässt, das ihm nach der absoluten, transscendenten Ordnung der Dinge gebührt. Der strafende Staat ist in dieser Auffassung Mandatar einer höheren Macht und nicht seinen irdischen, sondern jenen ewigen, an sich seienden Zwecken genügt er, indem er die Vergeltung ausübt. Die unendliche Bedeutung der Persönlichkeit, der absolute Werth des Individuums wird nur dadurch anerkannt und gewahrt und deshalb ist die Vergeltung die einzige sittliche Basis der Strafe.

Nun lehrt eine, wenn auch nur oberflächliche Betrachtung der Geschichte, dass der selbständige Werth der Einzelpersönlichkeit eine Grösse ist, welche von dem gesammten Culturzustande eines Volkes bedingt ist, über die sich so wenig etwas Absolutes aussagen lässt, wie über irgend eine Thatsache historischer Natur. In einem entwickelten Gesellschaftszustande kommt dem einzelnen Gliede natürlich eine grössere Selbständigkeit zu, als in einem niedrigstehenden, wo die einzelnen socialen Organe sich noch nicht gehörig differenzirt haben. Das Mass selbständiger Bedeutung, welches die Gesellschaft dem Einzelnen zuerkennt, ist das Product langer und schwerer historischer Arbeit und die höchste Blüthe einer jeden Cultur, lässt sich aber durchaus nicht aus der reinen Vernunft ableiten. (Siehe unten S. 112.) Um der Forderung des fortgeschrittenen ethischen Bewusstseins zu genügen, welches auch im Verbrecher die selbstberechtigte Persönlichkeit respectirt haben will, haben die Constructoren der absoluten Theorie die Strafe gleichsam den Sphären menschlicher Bedürftigkeit entrückt und glaubten dadurch die Menschenwürde am besten gewahrt zu haben. Allein das mit steigender Civilisation steigende Zartgefühl und Mitleid, die wachsende Einsicht in die Bedeutung der Strafe in dem Leben der Gesellschaft haben die Menschenwürde der Verbrecher zu viel realerer Geltung gebracht, als dies durch den ganz abstracten, ganz jenseitigen Begriff der Vergeltung hätte geschehen können.[8]) Ist es denn übrigens des Menschen würdiger, wenn er einem metaphysischen Begriff geopfert wird, als wenn gegen ihn in vernünftiger Berücksichtigung der Gesellschaftszwecke verfahren wird, zu welchen Jeder ohne, Unterschied, sogar unter Umständen mit Aufopferung seiner Person beizutragen hat? Die wahre Bedeutung der Strafe kann erst erkannt werden, wenn man weiss, dass die Gesellschaft das Prius des civilisirten Individuums ist.

Wie unfruchtbar es ist, transscendente Principien in die Beurtheilung realer Verhältnisse einzuführen, zeigt die Anwendung der Vergeltungsidee auf das Mass der Strafe. Sie soll es sein, die ein bestimmtes Mass fordert, die es verhindert, „dass dem Rechtsverletzer ein grösseres Uebel widerfahre, als er verdient“ hat. Allein um dieser Forderung zu genügen, müsste uns die Fähigkeit eines absoluten, unfehlbaren Wissens inne wohnen. Wir müssten an einem untrüglichen Massstabe Schuld und Strafe messen, eine Aufgabe, die der Shylok's verwandt ist, nicht ein Gran mehr oder weniger, als ihm nach dem Schein gebührt, aus dem Fleische des Schuldners zu schneiden.[9]) Nach der Anschauung Mancher soll die Ver-

---

[8]) Merkel, a a. O. S. 113, führt eine Reihe moderner strafrechtlicher Massregeln an, welche angeblich dem Vergeltungsgedanken entsprungen sind, die aber alle ganz gut aus den im Texte erwähnten Momenten abgeleitet werden können. Die Vergeltung ist als ein Absolutes das Starre, sich ewig gleich Bleibende, aus dem eine historische Bewegung, wie sie im Strafrechte stattfindet, nicht erklärt werden kann — ausser mittelst des dialectischen Apparates.

[9]) Ein unbewusstes Eingeständniss der praktischen Unbrauchbarkeit der Vergeltungsidee bei Bestimmung des Strafmasses ist die Berner'sche. von einem unrichtigen physikalischen Gleichnisse (Wasser verändert sich bei jeder Temperatur in Dampf, nicht erst bei Siedehitze!) begleitete Theorie eines Maximums und Minimums der Strafe, zwischen welchen die Gerechtigkeit sich

geltung wenigstens das mässigende Element in der Strafe sein und im Laufe der historischen Entwickelung endlich die wahren Werthe des Verbrechens zum Ausdrucke bringen. Aber auch das ist eine Täuschung. Wenn wir den Vergeltungstrieb psychologisch und historisch zergliedern, so finden wir einerseits den ursprünglichen auf Vernichtung des Verletzers gerichteten egoistischen Rachetrieb und andererseits die bei fortschreitender Cultur sich immer stärker entwickelnden altruistischen Neigungen, deren Object selbst jene Mitglieder der Gesellschaft sind, welche deren Rechtsgrundlage anzutasten wagen. Je höher das Durchschnittsmass des Altruismus steigt, je weiter also der brutale Rachetrieb zurückgedrängt wird, desto milder werden die Anforderungen der Vergeltung. Ja, man kann behaupten, der Gang der historischen Entwickelung strebe dahin, den Vergeltungstrieb gänzlich aufzuheben, so dass zuletzt nur jene allgemeine Missbilligung übrig bliebe, in welcher v. Bar den Kern der Strafe erblickt.[10] In der consequenten Ausmalung eines Idealmenschen hätte der Vergeltungstrieb keinen Platz mehr und die idealsten Menschen, welche uns die Geschichte zeigt, haben ihn nicht gekannt. Das Evangelium befiehlt, die zu lieben, die uns hassen; Plato erklärt es für thierische Unvernünftigkeit, den Verbrecher wegen des vergangenen Unrechts zu strafen; für den Weisen Spinoza's bildet menschliche Schlechtigkeit, wie irgend ein Naturereigniss, nur den Anlass, über ihre Ursachen nachzudenken und durch die Erkenntniss derselben jede Unlust zu ersticken und die reine Freude am Wissen herbeizuführen. Was den stets sich erneuernden Versuch veranlasst, Schuld und Strafe in immer minutiöserer Weise gegen einander ab-

---

frei bewegen könne. Lehrbuch des deutschen Strafrechts, 5. Aufl., S. 34. Das heisst doch nur, dass wir mit unseren groben Werkzeugen die unendlich feinen Unterschiede der Schuld nicht fühlen und noch weniger zum Ausdrucke bringen können. Ueber das Verhältniss der vergeltenden Gerechtigkeit zur Strafzumessung sind feine psychologische Bemerkungen bei v. Holtzendorff, das Verbrechen des Mordes und die Todesstrafe. Berlin 1875, 19. Cap., wo auch mit Recht der wechselnde Werth der Rechtsgüter hervorgehoben wird.

[10]) Vgl. v. Bar a. a. O. S. 70—72.

zuwägen, ist also die Gesammtheit der antiegoistischen Eigenschaften unserer Natur. Der einzige Punkt, durch welchen der Vergeltungstrieb einen bestimmten und dauernden Einfluss auf das *Quantum* und *Quale* der Strafe ausüben kann, ist die ganz allgemeine Forderung einer den Unterschieden der subjectiven Schuld und der objectiven Verletzung proportionirten Strafe, so dass das empfindlichere Delict schwerer geahndet wird, als das leichtere.[11]) Dieses Moment ist jedoch ein ganz formales und hat auf den realen Inhalt der Strafe keinen Einfluss. Es kann überhaupt nicht oft genug wiederholt werden, dass wir *a priori*, d. h. aus der allgemeinen menschlichen Natur höchstens das Formale des Erkennens und Handelns deduciren können, die materiale Erfüllung jener ursprünglichen Formen ist nur empirisch erkennbar.

Die Behauptung, dass nur der Charakter der Strafe als Vergeltung dem Verbrecher selbst gegenüber eine sittliche Rechtfertigung des gegen ihn geübten Zwanges darbiete und er nur dadurch in die Lage gesetzt sei, den ethischen Werth der Strafe zu empfinden und das Unrecht auch innerlich, in seinem Willen, aufzuheben, leidet an einer *petitio principii.* Es muss erst der stricte Nachweis geführt werden, dass die Auffassung der Strafe als einer Vergeltung von Seite der Strafenden und des Bestraften die einzige sittliche ist. Wenn man zu der Einsicht gelangt, dass die Gesellschaft die Erzeugerin aller sittlichen Pflichten ist und dass die Individuen nicht ohne sie, noch sie ohne die Individuen existiren kann, so ist die Ansicht, dass Jeder sich so viel Zwang gefallen lassen muss, als die Existenzbedingungen der Gesellschaft erfordern, mindestens eben so sittlich, wie irgend welche in einem speculativen Luftschlosse thronende Idee. Was für einen Werth der Verbrecher der Strafe zumisst, wird von seiner intellectuellen und ethischen Bildungsstufe abhängen. Wenn

---

[11]) „Die Gerechtigkeit, welche niemals absolut ist, kann nicht mehr bedeuten, als dass in Gemässheit des jeweiligen rechtlichen Entwickelungszustandes der einzelnen Völker das jeweilig schwerere Verbrechen mit einer schwereren Strafe bedroht sein muss, als das geringere Vergehen." v. Holtzendorff a. a. O. S. 223.

sie überhaupt eine sittliche Wirkung auf ihn hervorbringt, wird sie sich seiner Reflexion darstellen als göttlicher Lohn seiner That, als Busse, die sein Vergehen tilgt, als Mittel, die verlorene Achtung der Mitbürger wieder zu gewinnen u. s. w. Alle diese Auffassungen sind subjectiv berechtigt, aber daraus einen wissenschaftlichen Schluss auf den Charakter der Strafe ziehen, hiesse doch den gemeinen Menschenverstand zum Richter in einer Frage machen, in welcher er nicht competent ist. Es mag von grosser praktischer Bedeutung sein, dem Verbrecher eine seinem ethischen Bewusstsein entsprechende Ansicht von der Strafe beizubringen, und gewiss wird in diesem die von der Religion genährte Vergeltungsidee im Durchschnitte die grösste Rolle spielen, aber wissenschaftliche Erkenntniss kann nicht bei der populären Auffassung eines Dinges in die Schule gehen. Dem naiven Verstande erscheint ja auch Ton und Farbe als etwas ausser ihm real Existirendes, während für die Wissenschaft nur Luft- und Aetherschwingungen vorhanden sind. Der Verbrecher mag sogar von seinem sittlichen Standpunkte aus die Strafe als ein ihm nothwendig als Frucht seiner That Zukommendes fordern, das beweist doch nur, dass er sich durch Erleiden der Strafe mit seinem Gewissen abfinden zu können glaubt. Wird die Strafe einer sittlich besseren Natur, wenn sie einmal in einer schwachen Stunde gefehlt haben sollte, die quälende Reue über das begangene Unrecht wegnehmen können?

Von den Einwendungen, welche gegen die Vergeltung als absolutes Strafprincip erhoben werden, wollen wir noch zwei besonders wichtige anführen: Sie theilt dem Menschen göttliche Rechte zu und lässt ihn gleichsam mit dem Himmel Halbpart machen; sie vermag es nicht zu begründen, warum nur gewisse Classen von Unsittlichkeiten gestraft werden sollen, während andere straffrei ausgehen.

Wenn wir der absoluten Theorie eine eingehendere Betrachtung gewidmet haben, so geschah es nicht nur wegen der bedeutenden Autoritäten, welche sie entweder zum ausschliesslichen Principe der Strafe oder doch zum Mittelpunkte gemacht haben, um den die socialen Strafzwecke zu gruppiren sind, sondern hauptsächlich darum, weil in der Idee der vergeltenden Strafe ein Wahrheitskern enthalten ist, den wir schon theilweise im Vorangehenden aufgedeckt haben und dessen Bedeutung für die richtige Erfassung der Strafe wir weiter unten würdigen werden.

Für die Anhänger der absoluten Theorie ist die Rechtmässigkeit der Strafe unmittelbar in dem Gebote der höheren ethischen Macht begründet, welche sie zu vollziehen heisst. Die anderen Theorien suchen nach einem Rechtsgrunde, aus dem der Staat die Sanction für die Ausübung seiner strafenden Thätigkeit schöpft. Hier sind nun zwei Wege möglich. Entweder man nimmt an, dass durch das Verbrechen ein Verhältniss zwischen dem Verbrecher und dem Staate geschaffen werde, welches diesem gestattet, einen in der Rechtsordnung bereits begründeten allgemeinen Rechtssatz auf jenen zur Anwendung zu bringen, oder man leitet die Befugniss, zu strafen, aus einem über dem positiven Rechte stehenden Principe her, von welchem das erstere seine unverbrüchliche Geltung erhält. Die erste Classe theilt mit der absoluten Theorie das Bestreben, das Wesen der Strafe in einem Begriffe zu suchen, nur tritt ein juristischer Begriff an Stelle eines speculativen. Sie erfasst die Strafe als Ausübung des Nothwehrrechtes des Staates gegen den Einzelnen, als Vergütung des durch das Verbrechen angerichteten Schadens, als Leistung, durch welche der Verbrecher von den Folgen des Bruches des Vertrages, auf welchem die Rechtsgenossenschaft beruht, befreit wird u. s. w. Alle diese Theorien beruhen jedoch zum grossen Theile auf Fictionen und leiden an dem gemeinsamen Fehler einer jeden Construction des Wirklichen aus Begriffen, dass die breite Fülle des ersteren sich nicht in die spröden Formen der letzteren pressen lässt. Zudem wird der Begriff, welcher das Wesen der Erscheinungen constituiren soll, meistens nicht aus den Thatsachen heraus-, sondern in sie hineingelesen. Auch hier spielt, wie bei dem Suchen nach absoluten Ideen, die unvollkommene Induction eine grosse Rolle. Der aus einzelnen Fällen gewonnene Satz wird *per analogiam* auf alle übrigen angewendet, und da geht es natürlich nicht ohne wenigstens unbewusste Verdrehung ab. Auch hier wird der gefährliche Irrthum begangen, Begriffe, die einige ähnliche Merkmale darbieten, für identisch zu halten.[12])

Die Ableitung der Berechtigung der Gesellschaft, zu strafen, aus einem nicht bereits in der bestehenden Rechtsordnung enthaltenen Principe, hat zwei Möglichkeiten. Entweder erhält die Gesellschaft die Strafbefugniss von einer über ihr stehenden Macht, die überhaupt die Quelle alles Rechts bildet, oder sie fliesst mit Nothwendigkeit aus der Natur der Gesellschaft selbst, so dass die Ausübung des Strafrechtes zu den Momenten zählt, durch welche sie ihre Existenz bethätigt und erhält. Die erste Alternative ist transscendenter Art und nur auf dem Wege der Speculation erkennbar. Aus der zweiten hat die Wissenschaft das Strafrecht zu erklären. In ihr liegt auch der reale Kern aller möglichen Deductionen der Strafberechtigung.

Alle Gebote und Verbote setzen eine gebietende und verbietende Macht voraus. Alle Gebote und Verbote können fliessen aus reiner Willkür dieser Macht oder aus deren nothwendigen Zwecken. Willkür oder die nothwendigen Zwecke einer gebietenden und verbietenden Macht sind die letzten

---

[12]) Ein Beispiel einer solchen auf unvollkommener Induction und scheinbarer Analogie beruhenden Auffassung ist die (unter Fichte'schem Einflusse stehende) Deutung Heinze's, welche die Strafe als eine Leistung erklärt, welche die durch das Verbrechen entstandene Ungleichheit wieder aufhebt. (Siehe v. Holtzendorff, Handbuch des deutschen Strafrechtes I. Bd S. 321 ff.) „Freilich hat die jetzt übliche Freiheitsstrafe den Begriff der „„Strafleistung““ verdunkelt“ (ebd. S. 322). Wenn man die Instanzen gegen eine Theorie einfach als „Verdunkelungen“ der Begriffe abweisen könnte, dann wäre das Aufstellen von Constructionen um ein gut Stück leichter gemacht. Uebrigens beruhen Ausstossung und die durch eine Strafleistung wieder aufzuhebende Rechtsminderung des Verbrechers — nach Heinze die beiden Grundformen der Strafe — psychologisch in letzter Instanz auf dem Vergeltungstriebe. Ohne diesen kämen wir gar nicht dazu, gegen den Rechtsgenossen wegen seines Unrechtes eine energische Reaction zu fordern, sondern wir würden das Verbrechen als ein zu verhütendes Naturereigniss betrachten. Jede praktische Forderung muss sich zuletzt auf einen menschlichen Trieb zurückführen lassen. Auch der civilrechtliche Entschädigungszwang, nach dessen Analogie Heinze den Strafzwang construirt, hat seinen psychologischen Entstehungsgrund in dem Rache- oder Vergeltungstriebe, wie uns ja die Anfänge aller Rechtsentwickelung deutlich lehren.

möglichen Quellen aller Sitten- und Rechtsgesetze. Wenn man bei einem bestimmten Gebote nach der gebietenden Macht fragt, sodann von welcher Macht jene ihre Befugniss zu dem Gebote erhalten hat, hierauf nach dem Rechtsgrunde, aus dem die zweite Macht die Sanction ihrer Thätigkeit herleitet u. s. w., so kann offenbar dieser Regress der Rechtsgründe nicht in's Unendliche fortgehen, sondern wir kommen endlich zu einem letzten Grunde des Rechtes, der nicht mehr Recht, sondern nur ein Factisches sein kann.

Alles Gebieten und Verbieten setzt aber ferner eine intelligente Macht voraus, weil die Functionen des Gebietens und Verbietens nur als Handlungen einer Intelligenz denkbar sind. Nun kennt die empirische Wissenschaft ausser der Gesellschaft und ihren Gliedern keine intelligente Macht. Für eine wissenschaftliche Ableitung des Rechts kann also nur in der Gesellschaft der letzte Grund desselben zu finden sein. Nach dem Gesagten ist es klar, dass die Ableitung des positiven Rechts nicht wieder aus einem Rechte erfolgen kann, sondern nur entweder aus der Willkür der rechtssetzenden Gesellschaftsglieder oder aus Postulaten, die in den factischen Zuständen der Gesellschaft begründet sind. Will man das Factische, welches dem Rechte zu Grunde liegt, selbst wieder als Recht auffassen, so wird man unausweichlich zu dem Gedanken des Spinoza getrieben, dass das natürliche Recht eines Jeden mit seinem Können identisch sei, wobei der principielle Unterschied zwischen Sein und Sollen gänzlich verwischt ist.

Das aus der reinen Willkür hervorgehende Recht ist jedoch nur seiner formalen Seite nach ein solches; dem materialen Grunde nach ist das Recht nur dann vorhanden, wenn es sich nach der concreten Beschaffenheit der Gesellschaft richtet. Die Beschaffenheit der Gesellschaft hat aber eine doppelte Seite. Subjectiv wird sie gebildet durch die psychologischen Zustände der Individuen, objectiv durch die Gesammtheit Aller und die Existenzbedingungen der Gesammtheit. Jede Ableitung eines bestimmten Rechts hat daher nachzuweisen, dass es der subjectiven und objectiven Beschaffenheit der Gesellschaft entspricht. Das ist das Kriterium, an dem das geltende Recht seine höhere Berechtigung zu prüfen hat. (Siehe oben S. 55.)

Wenden wir diesen Satz auf die Frage nach der Berechtigung der Strafe an, so finden wir erstens, dass die subjective Beschaffenheit des Menschen die Strafe fordert und zu aller Zeit gefordert hat. Wir haben bereits den mächtigen Trieb kennen gelernt, der den Menschen zu einer Reaction gegen den Uebertreter der Rechtsnormen hindrängt. Selbst die wenigen edlen Geister, welche sich von der Herrschaft des Vergeltungstriebes zu befreien gewusst hatten, haben die Forderung eines energischen Einschreitens gegen die Urheber des Unrechts erhoben, wenn sie auch diesem Einschreiten nicht repressive, sondern präventive Zwecke setzten. Die menschlichen Gefühle können sich, je nach der sittlichen Stufe des Zeitalters, gegen eine oder die andere Form der Strafe erklären, aber die Strafe schlechthin ist noch zu keiner Zeit und von keinem Volke missbilligt worden. So viel auch über das Problem der Strafe geschrieben und gedacht wurde, so ist doch von Niemandem eine Ansicht aufgestellt worden, welche die Berechtigung der Strafe überhaupt negirt hätte. Theoretische Differenzen herrschen blos bei der Begründung, Form, Anwendung und Zweck der Strafe, aber das Princip selbst war stets über jeden Streit erhaben.

Der Grund hievon ist, dass zweitens die objective Nothwendigkeit der Strafe als einer den gesellschaftlichen Zwecken entspringenden Function überall, wo das sociale Leben über die primitivsten Anfänge hinausgewachsen ist, dunkel geahnt oder klar erkannt wird. Die sociale Bedeutung der Strafe kann man ermessen, wenn man den Verlauf des Lebens der Gesellschaft zu construiren versucht, nachdem man sie hypothetisch ihre strafende Thätigkeit einstellen lässt. Die Folgen eines solchen Schrittes wären: erstens eine mit rapider Schnelligkeit sinkende Achtung vor dem Gesetze, dann eine Entfesselung der bösen Leidenschaften derjenigen, welche nur durch die Furcht vor dem Gesetze innerhalb der Schranken der Rechtsnormen zurückgehalten werden, endlich die Wiedererweckung des primitivsten rechtlichen Zwangmittels, der Selbsthilfe und der primitivsten Reaction auf die psychologischen

Folgen des Unrechts, der Rache. Die destructiven Kräfte, die in der Gesellschaft aufgespeichert sind und nur des günstigen Momentes harren, um hervorzutreten, würden ihre schädliche Wirkung in stets wachsender Progression äussern. Ein unverhältnissmässig grosser Theil der sonst anderen, productiven Zwecken gewidmeten Thätigkeit der Bürger würde auf die Abwehr von Rechtswidrigkeiten gerichtet sein. Der allgemeine Wohlstand würde sich vermindern, der ethische Durchschnitt stetig herabsinken, die sociale Spann- und Thatkraft gelähmt, die gesammte Culturarbeit nach und nach vernichtet werden. Das ist der apagogische Beweis für die objectiv-sociale Nothwendigkeit, also die Rechtmässigkeit der Strafe. Sie ist ein Mittel, das die Gesellschaft anwenden muss, um die Bedingungen ihrer Existenz und Thätigkeitsformen zu erhalten. Erhaltung und Fortschritt der Cultur ist undenkbar ohne grösstmöglichste Reaction gegen alle Störungen im Leben der Gesellschaft. Und da Erhaltung der Existenzbedingungen der Gesellschaft als das objective Moment des ethischen Minimums nachgewiesen wurde, so ist vom socialethischen Standpunkte die Rechtmässigkeit und damit die Sittlichkeit der Strafe dargethan.

Wenn wir somit die Strafe als begründet in der constanten subjectiven und objectiven Beschaffenheit der Gesellschaft nachgewiesen haben, so ist es andererseits unmöglich, aus diesen Momenten einen concreten Inhalt der Strafe abzuleiten. Ein solcher wird sich richten müssen nach dem historisch in stetem Wechsel begriffenen Zustande eines bestimmten Gesellschaftskörpers. Den sich verändernden subjectiven und objectiven Bedürfnissen eines Volkes wird, wie jedes sociale Product, auch die Strafe entsprechen müssen. Doch lassen sich auch hier, entsprechend der stetigen Entwickelung socialer Zustände, bestimmte Gesetze des Fortschritts entdecken. Es sind dies im Wesentlichen folgende.

Je weiter die Cultur fortschreitet, je inniger also die Wechselbeziehungen der einzelnen socialen Glieder werden, desto stärker werden Störungen, welche ein Individuum in seiner rechtlichen Existenz erleidet, als Störungen der Gesammtheit empfunden, desto mehr verlieren die Reactionen gegen diese Störungen den individuellen Charakter und nehmen einen socialen an. Bei minder entwickelten Völkern ist das Strafrecht noch innig mit dem Privatrecht verbunden; erst nach und nach löst es sich von diesem als ein selbstständiges Gebiet los, hauptsächlich unter Mitwirkung der Religion, indem diese die sociale Störung auf den göttlichen Willen projicirt und in dessen Namen die Reaction fordert. Mit dem Fortschritte der Civilisation kommt ferner die Innerlichkeit der Individuen zu immer grösserer Geltung. Erst auf einer gewissen Höhe der Culturentwickelung erhält der Mensch die Fähigkeit, sich in eine von ihm verschiedene Persönlichkeit hineinzudenken und deren Handlungen objectiv zu beurtheilen. Dem Urmenschen ist seine eigene Persönlichkeit ausschliesslich zu Recht bestehend, er erkennt in allen Andern fast nur Objecte, in denen Subjectivität nur insoweit vorhanden ist, als sie mit der seinigen übereinstimmt. Diese seine Subjectivität sieht er in alle Dinge hinein, die ihn umgeben, mit ihr belebt er das Leblose und bildet sich Götter. Aber selbst der Fetisch, den er nach seinem Ebenbilde geschaffen, sinkt zum blossen Object für ihn herab, wenn er sich ihm feindlich gezeigt hat. Erst durch die wachsende Macht der Erkenntniss einerseits und des Altruismus andererseits kommt er zur Erkennung und Anerkennung einer von der seinen verschiedenen Innerlichkeit. Die Reaction gegen das Unrecht kümmert sich daher ursprünglich gar nicht um das subjective Moment desselben. „Es ist jene ursprüngliche Einseitigkeit des Rechtsgefühles, die sich bei Individuen und Völkern in gleicher Weise wiederholt, bei der das Rechtsgefühl noch zusammenfällt mit dem Gefühl des eigenen Rechts und das Unrecht nur seiner Wirkung nach empfunden, nicht seiner Ursache nach gewürdigt wird.“ [13]) Sobald Intelligenz und Altruismus die Anerkennung subjectiver Unterschiede des Unrechts herbeiführen, tritt ein neues Moment in das Rechtsbewusstsein ein — die Schuld. Damit ist ein neuer Massstab für die Werthe des Unrechts und der Reaction gegen dasselbe gegeben. Bisher ist die objective Grösse der Verletzung und

---

[13]) Jhering, Geist d. römischen Rechts. 2. Auflage, I. Thl. S. 127.

deren Empfindungsgrösse in dem Verletzten die Scala, an der die Grösse des Unrechts gemessen wird. Nun kommt hinzu die neu erworbene, mit der Zunahme der Civilisation sich immer höher entwickelnde Fähigkeit die subjectiven Unterschiede des Unrechts in dem Verletzenden wahrzunehmen. Je stärker nun der Altruismus und die auf ihn gegründeten Reflexionen werden, desto mehr wächst das Bestreben, die Innerlichkeit des Menschen objectiv zu erforschen und aus ihr den Massstab für dessen Beurtheilung und die Grundsätze, nach denen er zu behandeln sei, zu nehmen. Der Culturfortschritt auf allen Gebieten des Lebens der Gesellschaft ist begleitet von der stetigen Zunahme der Bedeutung und der Anerkennung der subjectiven Seite des Menschen. Die Kunst gipfelt zuerst in der Plastik, die ein Innerliches nur so weit zum Ausdrucke bringen kann, als es sich in den Formen des Körpers darstellt; sie schreitet fort zur Blüthe der Malerei, der es durch die Unterschiede des Lichtes und der Farbe, durch die Möglichkeit grösserer Mannigfaltigkeit der Composition bereits gegeben ist, in ihren Gestalten die Fülle menschlicher Gefühle und Leidenschaften darzustellen; sie sucht endlich in der Gegenwart in den Tönen das unermessliche Gebiet der vertieften modernen Subjectivität zu erfassen und zu gestalten. Die Literatur legt den weiten Weg von der naiven Erzählung äusserer Begebenheiten bis zu lyrischen Bekenntnissen des Subjectes und den feinen, fast zu feinen psychologischen Zeichnungen der Modernen zurück. Die Speculation wird sich in ihrem historischen Verlaufe immer mehr des Subjectes als der Bedingung der Welt bewusst und sucht das Absolute endlich im Ich, oder in den logischen Formen oder im Willen, oder in einer andern Weise aus dem Subjecte heraus zu erkennen. In der Wissenschaft gelangen zuerst die sich auf die äussere Natur beziehenden Wissenszweige zur Reife, während die den Menschen und besonders dessen psychische Seite betreffenden Disciplinen erst in späterer Zeit Gegenstand exacter Untersuchung werden. Die Staaten schreiten fort von Despotie, Sclaverei, barbarischer Kriegsführung zur Anerkennung gleicher Rechte der Staatsbürger, ohne Rücksicht auf den Platz, welchen diese in der socialen Ordnung einnehmen, und zur Behandlung aller Menschen nach einer deren selbstständige Berechtigung als Einzelne gegenüber dem Ganzen anerkennenden Norm. So wird der Spielraum der Subjectivität und damit der Persönlichkeit, welche nichts Anderes ist, als die rechtlich anerkannte Subjectivität, mit zunehmender Cultur ein weiterer. Die wachsende Bedeutung der Persönlichkeit im Fortgange der Geschichte ist, wie wir schon oben angedeutet haben, eine nothwendige Folge der socialen Entwickelung. Denn alle Entwickelung besteht in der Zunahme der Complicirtheit der in einem Körper vorgehenden Processe und in der sich stärker ausprägenden Individualität der einzelnen Glieder. Das zeigt sich z. B. bei Vergleichung eines Thieres niederer Ordnung mit einem höher ausgebildeten, oder bei demselben Organismus, wenn man seinen embryonalen und seinen Reifetypus zusammenhält. Während dort die einzelnen Organe und ihre Bedeutung oft nur nach dem eingehendsten Studium des ganzen Körpers erkannt werden, fallen sie hier unmittelbar ihr Wesen ausdrückend in's Auge. Das Mass selbständiger Bedeutung, welches die Gesammtheit einem jeden ihrer Mitglieder zuerkennt, steht also in geradem Verhältnisse zur Entwickelungsstufe der Gesellschaft. Je niedriger sie ist, desto grösser der Zwang, dem das Individuum unterworfen ist, desto geringer dessen Berechtigung gegenüber den herrschenden Mächten. Je höher sie steht, desto umfangreicher der Theil der Individualität, welcher sich von der Gesammtheit loslöst und zu einer selbständigen Existenz verdichtet. Die atomistische Ansicht vom Staate und der Gesellschaft fragt nach den Gründen, durch welche ein Zwang gegen die ursprünglich als unbeschränkt zu denkende Persönlichkeit gerechtfertigt werden kann. Die Socialwissenschaft fragt umgekehrt nach dem Masse von Freiheit, das die Gesellschaft dem ganz in sie versenkten Individuum zugestehen kann. Und damit befindet sie sich in voller Uebereinstimmung mit der Geschichte. Denn Freiheit bildet nicht den Anfangs-, sondern den Endpunkt der Geschichte. Durch harte Arbeit haben wir uns die ethischen Güter errungen, die unserem Bewusstsein so selbstverständlich erscheinen, als hätten sie stets zum Inventar der menschlichen Vernunft gehört. „Der Gedanke, dass der Mensch frei sei, ist schwieriger zu finden gewesen als der, dass die Erde sich um die Sonne bewege, für ersteren lässt sich kein Copernicus nennen.[14])"

Die fortschreitende Anerkennung der Subjectivität, welche eines der grossen Resultate des historischen Processes bildet, drückt sich in der Geschichte des Strafrechts aus durch die Entstehung und Vervollkommnung des Begriffes der Schuld. Die erwachende Einsicht in die causale Verknüpfung der Erscheinungen, das wachsende Verständniss des Wesens der eigenen und fremden psychischen Vorgänge treiben den Menschen an, die inneren Processe, welche der Verübung eines Unrechts vorausgegangen sind, eingehend zu verfolgen. So gelangt er endlich dahin, nur gegen die Folgen der unrechtmässigen Handlungen eine Reaction zu fordern, welche dem seiner selbst und seiner Beziehungen zur Gesammtheit bewussten normalen Individuum entspringen.[15]) Die äussere Verletzung wird immer mehr blosser Erkenntnissgrund des Delicts, während dessen Realgrund immer mehr in den subjectiven Processen gesucht wird, die es zur Ausführung gebracht haben. Die Empfindung für die qualitativen und quantitativen Unterschiede in dem ethischen Werthe der Handlungen wird immer feiner, das geistige Auge immer schärfer, welches nach und nach Differenzen wahrzunehmen im Stande ist, die einer rohen Culturepoche unmöglich zum Bewusstsein gebracht werden können. Den qualitativ und quantitativ sich differenzirenden Erregungen, welche das Unrecht hervorruft, correspondirt eine entsprechende Specification des Reactionstriebes. So entsteht die Forderung einer nach Massgabe des Quantum und Quale der Schuld individualisirten Strafe.

Die Specification der Empfindungswerthe des Unrechts hat aber noch eine andere Wirkung. Die verfeinerte Empfindung hat auch eine verfeinerte, d. h. ihrer Stärke nach verminderte Reaction zur Folge. Denn die beiden Momente, welche die Differenzirung der Empfindung hervorbringen, be-

[14]) Jhering, a. a. O. I. S. 103.

[15]) Treffend sagt v. Bar a. a. O. S. 66 von der rechtlichen Schuld: sie ist „nichts Anderes als der Reflex der Störungen, welche das Gemeinwesen durch die Unsittlichkeit des Individuums erleidet, in dem handelnden Individuum selbst".

schränken nothwendigerweise den Trieb, dieselbe in eine Handlung gegen ihren Urheber umzusetzen. Wachsende altruistische Neigungen dämmen den Reactionstrieb proportional ihrer Zunahme ein und Einsicht in die causale Verknüpfung der verbrecherischen Handlung mit den ihr vorangehenden psychischen Processen besänftigt die leidenschaftlichen Wirkungen. Die Reflexion über einen uns afficirenden Vorgang und die klare Erkenntniss seiner Ursachen zähmen den Affect. Dass Erkenntniss die Leidenschaft zu vernichten strebt, ist ein psychologisches Axiom, auf welches einer der grössten Denker das Gebäude seiner Ethik stützt und das in der sprichwörtlichen Form: „*Tout comprendre, c'est tout pardonner*“ längst populär geworden ist.

Ausser der Verminderung des Reactionstriebes bringt aber fortschreitende Cultur auch eine grössere Stabilität und Festigkeit der socialen Ordnung mit sich. Diese setzt daher Angriffen, die gegen sie gerichtet werden, eine zunehmende Stärke entgegen. Die Störung, welche das Unrecht in der Gesellschaft hervorruft, steht im umgekehrten Verhältnisse zu der Höhe der Civilisation. Je gesicherter die Rechtsordnung, je wahrscheinlicher die Reaction gegen das Unrecht, desto geringer die sociale Erschütterung, welche die Folge der rechtswidrigen Handlung bildet, desto geringer auch die Stärke der Reaction, welche nöthig ist, um das gestörte Gleichgewicht wieder herzustellen. Ein drittes historisches Gesetz in der Entwickelung der Strafe ist daher die stetige Abnahme des Strafquantums.[16]) Das Strafrecht ist vielleicht der beste Culturmesser, den es gibt. Die gemeinsamen Interessen der Gesellschaft, der Werth der Persönlichkeit, die durchschnittliche

[16]) Vorausgesetzt, dass nicht der Entwickelungsgang des Rechts bei einem Volke durch das Eindringen fremden Rechts unterbrochen wird — wie des althebräischen in das spätere römische und des römischen in das germanische Recht. Eine Ausnahme von der Regel macht der Uebergang der Strafe vom Privat- in's öffentliche Recht, denn hiedurch wird das Verbrechen erst in vollstem Masse als Verletzung der Gesammtheit empfunden und erhält daher einen unverhältnissmässig grösseren Werth als früher, wo es blos auf das unmittelbar beschädigte Subject bezogen wurde. Die Compositionen erscheinen daher immer milder, als die historisch später folgenden Strafen. Sobald aber der öffentliche Charakter der Strafe sich herausgebildet hat, beginnt der allmälige Process der Strafmilderung und Strafminderung.

Höhe der altruistischen Triebe, der Grad der intellectuellen Fähigkeiten, der psychologischen und socialen Erkenntniss eines Volkes, die Sicherheit der Rechtsordnung und Rechtspflege, die Vollkommenheit der staatlichen Schutzmassregeln gegen das Unrecht müssen in ihm ihren Ausdruck finden. Wenn uns die Geschichte von irgend einem Volke nichts Anderes bewahrt hätte, als sein Strafrecht, so könnten wir daraus allein seine ethische und intellectuelle Culturstufe bestimmen, wie der Naturforscher aus einem aufgefundenen Knochen den Bau eines untergegangenen Thieres zu reconstruiren im Stande ist.

Welche Bedeutung die Strafe im Leben der Gesellschaft hat, ist uns zum Theil schon aus dem Vorangehenden klar geworden. Wollen wir sie präcise bestimmen, so werden wir uns vor Augen zu halten haben, welches die möglichen Wirkungen des Unrechts sind. Wir haben im dritten Capitel als solche gefunden: Unmittelbare Verletzung eines rechtlich geschützten Gutes und die psychologischen Folgen der Normübertretung, nämlich: die durch eine Gutsverletzung hervorgerufene Erregung und daraus entspringender Reactionstrieb; Anreiz zu neuen Uebertretungen bei moralisch ungesunden Individuen; vermindertes Gefühl der Rechtssicherheit; Erschütterung der Achtung vor dem Rechte und in Folge dessen verminderte psychologische Wirksamkeit desselben. Diese eigenthümlichen psychologischen Erscheinungen sind die Consequenzen der individuellen Willenserkrankung und die Symptome der dadurch hervorgerufenen socialen Krankheit, wie sie in wechselndem Grade und Verbindungsweise jedes Unrecht hervorzurufen im Stande ist; es sind im Wesentlichen Störungen des normalen psychischen Gleichgewichtszustandes der Gesellschaft, welche, wenn sie ein gewisses Mass überschritten, den ganzen Bau des Culturlebens in's Wanken und schliessslich zum Falle bringen würden. Es verlangen also diese Störungen, soll die Cultur erhalten bleiben, nach einer Ausgleichung. Eine solche Ausgleichung kann erfolgen durch die heilenden Kräfte der Zeit und das ist der Fall bei dem Unrecht, das nicht mit Strafe bedroht ist, bei den Verbrechen, deren Thäter begnadigt oder nicht zu Stande gebracht werden, die nicht zur Anzeige kommen, die verjähren, wegen welcher eine Anklage nicht erhoben wird. Allein das Mass der normwidrigen Handlungen, deren Folgen durch den Zeitverlauf ausgeglichen werden kann, ist nothwendigerweise ein beschränktes. Uebersteigt es die Schranken, dann tritt jene Gefährdung des Normalzustandes der Gesellschaft ein. Es ist daher in der Regel eine Repression der Störungen des socialpsychologischen Gleichgewichtszustandes nöthig. Die von der Gesellschaft, bei entwickelter Cultur, wie wir gleich sehen werden, speciell die vom Staate gegen den Urheber eines Unrechts vorgenommenen Handlungen, durch welche die durch das Unrecht hervorgerufenen schädlichen socialpsychologischen Erscheinungen ausgeglichen werden sollen, das ist die Strafe.

Sobald ein Volk die erste Kindheit hinter sich hat, treten eine oder mehrere Functionen auf, um die Repression der Gleichgewichtsstörungen zu vollziehen.[17]) Am frühesten thun es Religion und Sitte. Wie schon erwähnt, erfasst ursprünglich die Religion die Verletzung und Beleidigung der menschlichen Gesellschaft als Verletzunng und Beleidigung der Gottheit. Sie sucht den Beleidiger daher entweder mit der Gottheit zu versöhnen oder die Gemeinschaft von dem frevelhaften Mitgliede durch seine Ausstossung zu reinigen. Die Formen der religiösen Repression des Unrechts sind Sühne, welche der Gottheit dargebracht wird, oder Busse, durch welche der Sünder sich von seinen Flecken reinigt. Die strafende Thätigkeit der Religion setzt eine grosse Intensität der religiösen Gefühle voraus, wie sie nur bei einfachen Culturverhältnissen

[17]) In der Urzeit geschichtlicher Anfänge kann eigentlich von Strafe noch keine Rede sein. Die Verletzung auf den unmittelbar Verletzten, höchstens noch auf die Familie beschränkt, ruft eine ganz willkürliche und darum jedes Masses entbehrende Reaction gegen den Verletzer hervor. Erst wenn das Bewusstsein der Solidarität in den Gesellschaftsgliedern eine gewisse Höhe erreicht hat, empfängt die Reaction den Charakter der Strafe, denn eine solche ist nach dem festgestellten Begriffe nur möglich, wenn die Verletzung, auf welche sie folgen soll, in irgend einem Grade als der Gesammtheit zugefügt angesehen wird und wenn der erste Ansatz gemacht wird, das Masslose der Rache einzudämmen, was dadurch geschieht, dass es eine sociale Macht übernimmt, eine bestimmte Form der Reaction zu billigen oder zu gebieten.

vorhanden zu sein pflegt. Ursprünglich die einzige Macht, in der sich das Strafrechtbewusstsein der Gesammtheit verkörpert, concurrirt sie einige Zeit lang mit der Strafgewalt des Staates,[18]) bis ihre Strafen endlich nur als eine Verstärkung dieser angesehen werden können oder Handlungen treffen, die nach der Zeitanschauung nicht mehr unter dem ethischen Minimum liegen.

Wenn die Strafthätigkeit der Gesellschaft sich von der religiösen Basis losgelöst hat, ruht sie zuerst in der Volkssitte. In diesem flüssigen Elemente sind rechtliche und staatliche Institutionen ursprünglich versenkt, bis sie sich im Laufe der Zeit zu selbständigen Bildungen krystallisiren. Auf einer gewissen Culturstufe bestimmt die jedem unmittelbar bewusste Volksanschauung sowohl die unrechtmässigen Handlungen, welche eine sociale Reaction fordern als auch die Art dieser Reaction und die Organe, welche sie auszuführen haben. Sobald sich die staatliche Organisation zu einer bestimmten Höhe emporgearbeitet hat und die verwickelten Verhältnisse der Gesellschaft das Recht nöthigen, eine compacte, geschlossene Form anzunehmen, sinkt die strafende Macht der Sitte. Allein selbst da, wo der Staat das einzige sociale Organ ist, welches die Berechtigung zur Ausübung der Strafgewalt besitzt, legt noch immer die Volkssitte in der Form der öffentlichen Missbilligung der Normübertretung und des allgemeinen Misstrauens gegen den Verbrecher eine Art Nebenstrafe auf, welche die Wirkung der staatlichen Strafe empfindlich verstärkt. In der Nebenstrafe der Sitte, welche häufig in einer gänzlichen oder theilweisen Ausstossung des Verbrechers aus dem socialen Kreise, dem er angehört, besteht, hat sich der Charakter der alten Strafe, welche sich nur wenig um die subjectiven Unterschiede der Schuld bekümmert, noch ziemlich erhalten. Die Strafe der Volkssitte kennt keine Individualisirung. Es fehlt eben der Sitte an Organen, wie sie der Staat an der gesetzgebenden und richterlichen Gewalt besitzt, welche nicht nach unmittelbaren Empfindungen, sondern nach reiflicher Ueberlegung und Erwägung urtheilen. Die Nebenstrafe der

[18]) Wie bei den *delictis fori mixti* des canonischen Rechts.

Volkssitte ist rein repressiver Natur, Zwecke der Prävention, obwohl eine solche thatsächlich durch sie erreicht wird (siehe oben S. 83 ff.), sind bewusst mit ihr nicht verbunden.

Auf entwickelten Stufen der Civilisation hat hauptsächlich der Staat die Reaction gegen die Wirkungen des Unrechts zu vollziehen. Denn dieser sociale Factor ist es, in welchem sich nach und nach die ganze gesellschaftliche Energie concentrirt. Er übernimmt es im Verlaufe der Geschichte den Wirkungskreis der Gesellschaftsglieder durch bestimmte Normen gegen einander abzugrenzen und wird dadurch das Organ, durch welches der der menschlichen Natur eigenthümliche und durch den Kampf der Menschen sowohl mit einander als auch gegen die Aussenwelt sich weiter entwickelnde Ordnungstrieb seine gestaltende Fähigkeit äussert. Er wird die Recht setzende und Recht erhaltende Macht. Daher hat er darüber zu wachen, dass der sociale Bau, der im stabilen Gleichgewichte auf der Grundlage der Rechtsnormen ruht, in keiner Weise aus der Gleichgewichtslage gebracht werde.

Welche Stellung hat nun der Staat gegenüber den einzelnen Symptomen der durch das Unrecht hervorgerufenen socialen Krankheit einzunehmen? Es ist vorerst zu untersuchen, welche Art der Reaction diejenigen Formen des Unrechts hervorzurufen haben, bei welchen die oben angeführten Wirkungen nur in beschränktem Masse auftreten, hierauf welchen Einfluss eine jede der erwähnten Störungen auf den Inhalt der Repression besitzt.

Was den ersten Punkt betrifft, so haben wir erstens dasjenige Unrecht in's Auge zu fassen, das physische Wirkungen hervorruft und dessen psychische Wirkungen, wenn sie überhaupt thatsächlich eintreten, hauptsächlich auf die Verletzung eines Individuums beschränkt sind, so dass der Kreis der socialen durch das Delict hervorgerufenen Erschütterung der denkbar engste ist. Insoferne ein Unrecht ein physisches Rechtsgut verletzt und die dadurch hervorgerufenen psychischen Wirkungen hauptsächlich auf das in seinem Rechte gekränkte Individuum beschränkt bleiben oder doch nur wenig über die Bewusstseinsschwelle der Gesammtheit hinüberragen, liegt das Civilunrecht vor. Das Civilunrecht unterscheidet sich daher von Criminalunrecht nur durch die viel geringere Extensität und Intensität der Wirkungen. Es gehört zu den unentwickelten Formen des Unrechts, welches erst in dem Criminalunrechte die ganze Fülle seiner schädlichen Folgen entfaltet. Aber ein principieller Unterschied zwischen beiden Formen des Unrechtes ist nicht aufzufinden und ich halte alle dahin zielenden Versuche durch die einschneidende Kritik Merkels für hinlänglich widerlegt. Von den in diesen Zeilen entwickelten Grundsätzen aus ist es natürlich, dass das Herabsinken der Handlungsweise eines Individuums unter das gesellschaftliche Normale in subjectiver wie objectiver Beziehung wohl graduelle, aber keine generellen Differenzen zulässt.

Auch das in seinen Wirkungen auf das verletzte Subject beschränkt bleibende Unrecht hat einen socialen Charakter, denn das Individuum ist verletzt als Gesellschaftsmitglied, nicht als Einzelner. Als Einzelner hat es jene selbständige Existenz, deren Grenzen nur vom Staate aufrecht zu erhalten sind, innerhalb welcher aber es frei von allen äusseren Banden existirt. Diese Sphäre bleibt ihm von der Gesellschaft überlassen und Verletzungen innerhalb dieses Gebietes der Persönlichkeit sind individueller Natur. Aber in jenen Beziehungen, durch welche das Individuum mit der Gesammtheit zusammenhängt und von ihr geschützt wird, ist jede Verletzung zugleich Verletzung der Gesammtheit. Daher ist durch jedes Unrecht, also auch das civile, die Gesellschaft selbst angegriffen. [19])

Die möglichen Folgen des Unrechts sind doppelter Art, physische und psychische. Durch die ersteren wird ein in der Welt der Objecte vorhandener Zustand verletzt, der wieder

[19]) „Der staatliche Gemeinwille hat es in allen seinen Functionen mit dem Gemeininteresse, nicht mit dem Einzelinteresse als solchem zu thun. Das letztere kümmert ihn principiell nur insoweit, als es mit dem allgemeinen Interesse zusammen fällt. Insoweit dies der Fall ist, findet sich die Gesammtheit im Einzelnen verletzt." Merkel a. a. O. S. 34. Diese Wahrheit hat übrigens schon Rousseau erkannt, wenn er jede nach Abschliessung des Gesellschaftsvertrages dem Einzelnen zugefügte Verletzung für einen Angriff auf die Gesellschaft erklärt: *Sitôt que cette multitude est ainsi réunie en un corps on ne peut offenser un des membres sans attaquer le corps. Du contrat social l. I. ch. VII.*

hergestellt werden kann, wenigstens seinem Werthe nach, durch die letzteren hingegen ein solcher in dem Inneren der Subjecte geschaffen, dessen Folgen sich zwar aufheben lassen, bei denen aber von einer eigentlichen Wiederherstellung des früheren Zustandes nicht die Rede sein kann, weil der psychologische Kosmos in einem ununterbrochenen Flusse begriffen ist und weil ein objectiver Massstab des Werthes auf psychologischem Gebiete vollkommen mangelt. Ein der Norm widersprechender äusserer Zustand, sei er durch eine unrechtmässige Handlung oder durch Zufall hervorgerufen, besitzt die Fähigkeit der Reparation; die psychologischen Folgen des Unrechts hingegen sind nicht reparabel, sondern nur reprimibel. Reparation eines physischen nicht der Norm entsprechenden Zustandes ist Ersatz, Repression der psychischen Unrechtswirkungen ist Strafe.[20])

Alles normwidrige Handeln oder doch bei weitem der grösste Theil desselben bringt, sobald es bekannt wird, psychologische Wirkungen hervor. Aber diese Wirkungen müssen erst eine gewisse Höhe erreichen, damit der Staat gegen sie reagire. Es wäre Thorheit, ja Unmöglichkeit, wollte der Staat auch bei der geringsten Gleichgewichtsstörung den ganzen schwerfälligen Apparat der Strafjustiz in Bewegung setzen. Die Compensation solcher minimaler Störungen bringt der rasche Lauf des Lebens mit sich und es bedarf keiner besonderen Vorkehrungen gegen diese vorübergehenden, kaum wahrnehmbaren Schwankungen. Wenn nun die psychologischen Folgen des Unrechts ausschliesslich auf das unmittelbar verletzte Individuum beschränkt sind, so kann der Staat es in dem Falle, wo ein physisch restituirbares Gut durch das Unrecht getroffen wurde, bei der Gewährung civilrechtlicher Forderung der Reparatur des Schadens sein Bewenden lassen. Die Ersatzleistung absorbirt gleichsam die etwa vorhandene psychologische Beschädigung. Anders jedoch, wenn die Verletzung

---

[20]) Eine eingehende Behandlung der durch Merkels Anregung neuerdings so viel discutirten Frage über das Verhältniss von Schadenersatz und Strafe halte ich umsomehr als ausserhalb meiner hier zu lösenden Aufgabe liegend, als ich nach den im Texte aufgestellten Sätzen beide Erscheinungen ihrem Wesen nach für völlig different halte.

physisch unersetzbare Güter trifft oder durch die Verletzung physischer Güter psychologische Wirkungen hervorgerufen werden, welche nicht nur in dem von dem normwidrigen Handeln unmittelbar betroffenen Individuum zur lebhaften Existenz kommen, sondern ihre Kreise weit über dieses hinausziehen. In diesen Fällen hat daher in der Regel (neben der physischen Reparation, wenn sie überhaupt möglich ist) die Repression der psychologischen Folgen des unrechtmässigen Handelns einzutreten. Diese Repression ist nur möglich durch eine Reaction gegen den Urheber des Delictes und dadurch unterscheidet sie sich von der Reparation, welche nur die Wiederherstellung des objectiven Zustandes der Rechtsgüterwelt im Auge hat, und daher in viel engerer Beziehung zu dem die objective Störung verursachenden Individuum steht als die strafende Repression. [21])

Insoferne durch die Strafe nur die individuell-psychologische Gleichgewichtsstörung wett gemacht werden soll, trägt sie den Charakter der Genugthuung. Ist das Delict in seinen Consequenzen nur auf das unmittelbar verletzte Individuum beschränkt, so ist sie natürlich nur dadurch erkennbar, dass dieses sich für verletzt erklärt. Es braucht die Reaction nur dann einzutreten, wenn der Verletzte die Repression seiner innern Störung verlangt. Denn das Nichtwollen der Repression beweist, dass die Störung entweder nicht vorhanden, oder bereits auf andere Weise ausgeglichen ist. Die zweite Form des unvollkommenen Unrechts ist das Antragsverbrechen.

Das Moment der Genugthuung ist in der Strafe auch noch erhalten, wenn die durch das Unrecht hervorgerufenen psychologischen Erschütterungen über das unmittelbar verletzte Individuum hinausgehen. Je weitere Kreise diese ziehen, je schwerer

---

[21]) An der Verkennung des Unterschiedes zwischen Ersatz und Strafe scheitert die Welcker'sche Theorie, welche die Strafe als Ersatz des intellectuellen Schadens auffasst. Trotzdem gebührt jedoch Welcker das Verdienst, zuerst die sociale Bedeutung der Strafe in weiterem Umfange erkannt und deren Zwecke in grösserer Vollkommenheit erfasst zu haben. Ueber den Unterschied zwischen Reparation und Strafe s. die lichtvollen Ausführungen Bindings a. a. O. S. 207 ff.

also das Verbrechen objectiv sich darstellt, desto geringer wird die Bedeutung der Strafe als Genugthuung, so dass sie bei den schwersten Verbrechen grösstentheils oder wie bei der Tödtung oder beim Morde, wo sie durch Wegfall des verletzten Subjectes unmöglich wird, gänzlich verschwindet. Die individuelle Verletzung geht mit steigender Grösse des Verbrechens unter in den allgemeinen Störungen, welche die Gesellschaft erleidet.[22])

Eine dritte unentwickelte Form des Unrechts hat dann statt, wenn das Delict nicht in der Verletzung oder Gefährdung eines Rechtsgutes, sondern nur in der Uebertretung einer die Verhinderung der Möglichkeit einer Rechtsgutsgefährdung zum Zwecke habenden Anordnung oder überhaupt in dem Zuwiderhandeln gegen ein vom Staate erlassenes Gebot, dessen Befolgung dieser zum Behufe der Ausführung seiner nothwendigen Zwecke zu verlangen berechtigt ist, besteht, wo also nur das in jeder Schuld enthaltene Ungehorsamsmoment, die Missachtung des Rechtsgebotes, den Charakter des Delictes constituirt. Hier sind die Wirkungen des rechtswidrigen Handelns hauptsächlich verminderte Achtung vor dem Gesetze und Anreiz zu neuen Uebertretungen, die Strafe also auf Repression dieser beiden Aeusserungen des Unrechts gerichtet. Während also die durch Civilunrecht und Antragsverbrechen hervorgerufene Störung nur in den auf ein Individuum beschränkten psychologischen Wirkungen zur

---

[22]) Neuerdings hat **Binding**, a. a. O. I S. 172, die Strafe überhaupt als Genugthuung aufgefasst. Die Behauptung, dass die Strafe die turbulente Wirkung des Verbrechers aufhebe, wird von ihm als „fehlerhaftes Bild“ zurückgewiesen. Allein worin anders kann denn eine Genugthuung bestehen, als in der Aufhebung der turbulenten Wirkung einer Verletzung, durch eine freiwillige That des Verletzenden oder einen gegen ihn gerichteten Zwang? Genugthuung ist doch nur denkbar als das Resultat eines psychologischen Processes, setzt also stets Individuen voraus, in welchen sie eintreten kann. Allerdings wenn man Gesellschaft und Staat personificirt, und in echt anthropomorpher Weise mit Verstand, Gefühl und Willen ausstattet, kann man die Summe der Strafwirkungen als Genugthuung für dieses grosse Individuum erklären. Allein wo läge die Nöthigung zu einer solchen wissenschaftlich gänzlich irrelevanten Fiction? Oder sollte die Genugthuung etwa für die in einem Wolkenkukuksheim, losgelöst von allen subjectiven Beziehungen thronende Rechts- oder Staatsidee bestimmt sein?

Existenz kommt, führt das sogenannte Polizeiunrecht und der Ungehorsam eine, wenn auch geringe, so doch über den Kreis einer einzigen Individualität hinausgreifende Erschütterung herbei, welche jedoch nur einen Theil der möglichen Folgen des Unrechts enthält.[23]) Jene Formen des Unrechts bringen extensiv, diese intensiv unvollkommene Störungen des socialpsychologischen Gleichgewichts hervor.

Von den beiden erwähnten Unrechtswirkungen scheint der zweiten, Anreiz zu neuen Uebertretungen bei den hiezu Inclinirenden, welchem bei den ethisch Gesunden ein vermindertes Sicherheitsgefühl entspricht, ein besonders hervorragender Einfluss auf die Bestimmung der Strafe zu gebühren. Allein eine eingehende Untersuchung der Möglichkeit und Zulässigkeit der Abschreckung findet zweierlei. Die einmal über den Verbrecher verhängte Strafe ist eine constante oder nur wenig variable Grösse, welche sich in den unendlich verschiedenen Individualitäten auf unendlich verschiedene Weise spiegelt. Um die Strafe mit Erfolg abschreckend wirken zu

---

[23]) Mit vollem Rechte weist v. Bar, a. a. O. S. 22, auf die unsittliche Qualität des polizeilichen Unrechtes hin: „Handlungen dieser Art stören oder gefährden das einmal nothwendige Zusammenleben des Menschen, wenigstens thun sie dies nach der Ansicht des Gesetzgebers oder des Gemeinwesens, dem der Einzelne sich unterzuordnen hat. Und was ist die Sittlichkeit anders, als eine Handlungsweise, welche richtig und harmonisch neben den Interessen des Individuums die Interessen des Nächsten und der gesammten Menschheit, also auch des Gemeinwesens, dem der Einzelne angehört, wahrt und befördert?" Wenn Binding a. a. O. S. 184 Anm. dagegen bemerkt: „Wir haben das Unrecht aus dem Recht zu erklären, welches ruht auf der Souveränität des Gesammtwillens gegenüber dem Einzelwillen und können und dürfen es nicht aus der Sittlichkeit begreifen", so hat dieser Ausspruch seinen Grund in der durchaus individualistischen Auffassung der Ethik von Seite Bindings, welche ihn den sehr kühnen Ausspruch wagen lässt, dass es auf dem Gebiete der Sittlichkeit keine unbedingt bindenden Normen gebe, und dass es widerrechtliche Handlungen geben müsse, die sittlich sein können. Wenn nicht die Grundsätze der Ethik, sondern der souveräne Gesammtwille die letzte Basis des Rechts bilden soll, dann sinkt dieses zu einer unberechenbaren Willkür herab, denn der Gesammtwille kann das Widersinnigste und Unsittlichste für Recht erklären und die Geschichte weiss manche Beispiele davon zu erzählen: Wenn „die stattlichen Quaderfundamente der Rechtssätze" nicht auf sittlichem Boden ruhen, so stürzt über kurz oder lang der ganze mit den Schnörkeln juristischer Spitzfindigkeit geschmückte Bau in Nichts zusammen.

lassen, müsste der Staat sie derart einrichten können, dass sie bei den verschiedenen Individuen ein gleich grosses Motiv zur Unterlassung von Unrecht bilde, was eine offenbare Unmöglichkeit ist; anstatt einer müssten x Strafen verhängt werden und dem Gesetzgeber wenigstens eine annähernde Kenntniss der Charaktergruppen der zum Verbrechen Inclinirenden innewohnen. Abschreckung, um bleibende Wirkung zu erzeugen, müsste nach den Charakteren der Abzuschreckenden individualisirt werden können. Da der Gesetzgeber aber immer nur mit Durchschnittsgrössen rechnet, so könnte er wenigstens strenge Strafen wählen, welche einen verhältnissmässig starken Druck auf die zum Unrecht Inclinirenden ausüben. Allein die Aufgabe des Staates ist es, nicht nur zu strafen, sondern allen berechtigten Forderungen der Gesellschaft zum rechtlichen Ausdruck zu verhelfen. Er hat vor allem die historisch herangebildete Bedeutung der Persönlichkeit zur Geltung zu bringen, so dass, wo es die Umstände nicht gebieterisch fordern, von ihm nie der ganze Mensch den Gesellschaftszwecken zum Opfer gebracht werden darf. Er hat nur die Minderung der Persönlichkeit vorzunehmen, welche zur Erhaltung des Ganzen unumgänglich nothwendig ist. Da nun das Unterbleiben von Verbrechen keine unbedingte sociale Nothwendigkeit ist[24]), da ferner, wie schon erwähnt, in der Gewissheit der Bestrafung das denkbar grösste Abschreckungsmotiv liegt[25]), so kann als allgemeine Forderung an die Strafe bezüglich der Abschreckung nur aufgestellt werden, dass die durchschnittlich aus der Strafe erwachsende Unlust grösser sei, als die aus dem Verbrechen entspringende Lust.

---

[24]) „Denn wie es unweislich und unwahr ist, dass die Strafe ein specifisches Mittel zur Verhütung von Verbrechen sei, so ist es irrig und durch die tägliche Erfahrung widerlegt, dass das Unterbleiben der Verbrechen zur Aufrechterhaltung der Rechtsordnung unentbehrlich sei.“ Heinze, a. a. O. Seite 265.

[25]) Die verhältnissmässig geringe psychologische Wirkung der Abschreckung sehr gut dargelegt v. Holtzendorff a. a. O. Kap. 2 ff. Was hier von der Todesstrafe gesagt ist, kann zum Theil auf jede Strafe angewendet werden.

Die staatliche Repression der socialen Wirkungen der Delicte kann keine mathematisch genaue sein, so dass die Gesammterschütterung ohne Rest wieder aufgehoben würde; es bleibt noch immer ein grösserer oder kleinerer Bruchtheil übrig, dessen Oscillationen durch die Einflüsse der anderen gesellschaftlichen Functionen beruhigt werden, oder auch zu neuen gewaltsamen Eruptionen Anlass geben. Wenn schon die Therapie physiologischer Störungen eines animalischen Organismus auf schwer überwindliche Hindernisse stösst, so vertausendfachen sie sich bei dem complicirtesten Gebilde, das es giebt, der menschlichen Gesellschaft.

Das entwickelte Unrecht ist nun dasjenige, welches, ausser den bisher erwähnten allgemeinen psychologischen Wirkungen, den unmittelbaren Reactionstrieb in weiterem Umfange wachzurufen im Stande ist. Wir haben diesen Reactionstrieb als einen Specialfall der allgemeinen Thatsache bezeichnet, dass Organismen Reize in Bewegungen umsetzen. Er gehört somit zum Inventar der menschlichen Natur und verlangt ebenso gebieterisch nach Befriedigung, wie der Trieb, Speise und Trank zu sich zu nehmen. Wir haben ferner gesehen, dass bei steigender Cultur der wachsende Altruismus und die besonnene Reflexion den ursprünglichen Trieb dämpfen. Es wird ein stetig abnehmendes Quantum der Empfindung in Action umgesetzt. Die Empfindung, ursprünglich in keinem constanten Grössenverhältnisse zu der äusseren Veranlassung stehend, individualisirt sich nach den objectiven und subjectiven Umständen des Falles, der sie hervorruft und ebenso individualisirt sich die Empfindungsgrösse, die in den Trieb einer Reaction gegen den Urheber der Empfindung verwandelt wird. Die Vertreter der absoluten Theorie haben die grosse Bedeutung der Vergeltung für die Strafe richtig geahnt, zu klarer Erkenntniss ihres Wesens sind sie aber nicht gekommen, weil sie, anstatt die Vergeltung einer genauen psychologischen und historischen Analyse zu unterziehen, dieselbe dem Wechsel des Empirischen entzogen und in die Sphäre des mit ewig gleicher ethischer Nothwendigkeit zu verwirklichenden Seinsollenden entrückt haben, wodurch sie unfähig wurden, die reale Bewegung der Erscheinungen zu erklären oder sich genöthigt sahen, Utilitätsprincipien zu Hilfe zu rufen und die Wirklichkeit aus der Mesalliance von Gegensätzen hervorgehen zu lassen, deren innere Natur einer jeden, wie immer gearteten Vereinigung widerstreitet.

In dem Vergeltungstriebe ist nun hauptsächlich das zu suchen, was man als Strafrechtsbewusstsein des Volkes bezeichnet. Denn in der durch das Verbrechen hervorgerufenen Empfindung und folglich auch in der aus dieser hervorgehenden Forderung einer Reaction ist der eigentliche (einer quantitativen Feststellung unfähige) sociale Werth oder wenn man will, Unwerth des Verbrechens enthalten, welcher abhängt von den staatlichen, sittlichen, ökonomischen, religiösen, rechtlichen u. s. w. Anschauungen des Volkes. Denn aus diesen psychischen Kräften ist der physische Zustand der Gesellschaftsglieder zusammengesetzt und in der durch eine Gleichgewichtsstörung hervorgebrachten Erregung spiegelt sich natürlich das Wesen der Elemente wieder, welche aus ihrer Lage gebracht worden sind.

Will der Gesetzgeber die Strafe als eine normal wirkende Grösse in dem socialpsychologischen Organismus lebendig erhalten, so muss er auf die bei den verschiedenen Delicten wechselnde Stärke des Reactionstriebes die grössere oder geringere Schwere des Verbrechens gründen und ferner das Durchschnittsmass der Energie, mit welcher jener Trieb seine Befriedigung fordert, bei Bestimmung der Strafe und Strafmittel befragen.

Die staatliche Repression der psychologischen Folgen des Unrechts beginnt nicht etwa erst mit der thatsächlichen Verhängung der Strafe gegen den bereits verurtheilten Verbrecher; alle Anstalten, welche getroffen werden, um dem Uebertreter einer Rechtsnorm der endlichen Bestrafung zuzuführen, nehmen an der repressiven Wirkung theil.

Daher beginnt die Strafe eigentlich schon mit dem in dem Strafgesetze ausgesprochenen Willen des Staates, die Verbrechen zu ahnden, daher bezeichnen die Mittel, welche angewendet werden, um den Verbrecher zu ergreifen, die Untersuchung gegen ihn, die Gerichtssitzung, in der über ihn verhandelt wird, die Fällung und Verkündigung des Urtheils

Momente in dem Strafacte, in welchem die Ausführung des Urtheils nur den Schlusspunkt bildet.

Wir haben bis jetzt den repressiven Grundcharakter der Strafe dargethan. Es liegt uns noch ob, ihre präventive Nebendeutung zu betrachten.

Es ist nicht zu leugnen, dass die strafende Thätigkeit des Staates von der Aufstellung eines Strafgesetzes bis zur Verhängung der Strafe ein bedeutsames Motiv zur Unterlassung von Verbrechen bildet. Hierbei muss bemerkt werden, dass begrifflich die durch ein bestimmtes Verbrechen hervorgerufene Neigung zur Begehung eines Unrechtes wohl zu sondern ist von dem unabhängig von aufmunternden Beispielen bestehenden Hang zum Verbrechen. Jene, sowie die durch psychische Gewöhnung in dem Verbrecher hervorgerufene grössere Inclination gehören zu den unmittelbaren psychologischen Folgen des einzelnen Delictes und gehören daher zu den durch Repression zu bekämpfenden Zuständen, dieser hingegen fällt der prävenirenden Thätigkeit des Staates anheim.

In dieser spielt nun die gesammte Strafaction eine nicht zu unterschätzende Rolle. So wenig auch diejenigen, welche den Zweck der Strafe ausschliesslich in die Prävention setzen, zur richtigen Erkenntniss der socialen Bedeutung der Strafe gekommen sind, so haben sie doch mit vollem Rechte ein hochwichtiges Moment in der Gesammtwirkung der Strafe hervorgehoben, das nicht übersehen werden darf. Die Androhung der Strafe, die für den gemeinen Menschenverstand in dem Strafgesetze vorhanden ist, erstickt gewiss eine bedeutende Anzahl Verbrechen im Keime.[26]) Und dasselbe thun alle

---

[26]) Die Einwände und Verbesserungen, welche die Feuerbach'sche Theorie erfahren hat, sind sehr lehrreich in Betreff der bei dem Deutschen so hoch entwickelten Fähigkeit, die Wirklichkeit gänzlich zu verkennen. Der freie Mensch, welcher, empört über die ihn wie einen Hund behandelnde Strafdrohung, das Verbrechen begeht, um seine Freiheit zu beweisen, dürfte wol nie aus den Zeilen der Hegel'schen Rechtsphilosophie in die Wirklichkeit hinausgetreten sein. Wenn Bauer die abschreckende Drohung in eine sittliche Warnung verwandelt wissen will, so beweist das nur, um wieviel ihm der grosse Meister des Strafrechts an Kenntniss der Verbrechernatur überlegen war. Die ausgebildete Verbrechernatur wird den Staat und das Recht immer nur als

folgenden Stadien der Strafe bis zum Vollzuge und den Straffolgen, gleichviel ob eine solche Wirkung beabsichtigt worden ist, oder nicht. Die Volksanschauung hat daher seit Langem in der Verhütung von Verbrechen einen der Hauptzwecke der Strafe erblickt und trotz aller theoretischen Proteste spielt praktisch die Abschreckung noch immer eine grosse Rolle im Strafrechte.

Indess ist es leicht einzusehen, dass alles, was oben von der repressiven Abschreckung gesagt wurde, mit vollem Rechte auf die präventive angewendet werden kann. Zudem ist die Strafe nur eines der vielen Mittel, welche gegen das complicirte sociale Phänomen des Verbrechens angewendet werden können. Da sie ferner auf die grosse Masse nur in ganz äusserlicher Weise wirken kann und von ihr nicht zu erwarten ist, dass durch die von ihr hervorgerufenen Motivationsprocesse eine innerliche, dauernde Umwandlung der Charaktere erzeugt wird, so ist es klar, dass da, wo nicht, wie z. B. beim Standrechte, augenblickliche, starke Wirkungen um jeden Preis zu erreichen sind, der Einfluss des abschreckenden Momentes auf den gesammten Strafverlauf ein höchst geringer, wo nicht ganz verschwindender zu sein hat. Die präventive Nebenwirkung äussert die Strafe auch dann in genügendem Masse, wenn an ihrer Bildung auch nur ihre repressiven Zwecke theilnehmen.

Eine andere Möglichkeit, präventive Zwecke mit der Strafe zu verbinden, ist dem Staate durch die eigenthümliche Entwickelung gegeben, welche der Strafvollzug genommen hat. Die Vollziehung der Strafe hat nämlich immer mehr an Anschaulichkeit verloren. Auf niedrigen Culturstufen ist die Strafe eine Grösse, deren Inhalt dem öffentlichen Bewusstsein vollkommen klar ist. Dadurch, dass in der modernen Zeit die Freiheitsstrafe alle anderen in den Hintergrund gedrängt und durch Entziehung der Freiheit die völlige Trennung des Verurtheilten von den rechtlich intacten Bürgern herbeigeführt

---

furchtbare Feinde, als Zwang und Fessel ihrer Triebe betrachten. Wer noch der sanften Stimme der Warnung zugänglich ist, der wird sie aus dem eigenen Gewissen lauter erschallen hören, als aus trockenen Rechtssätzen.

hat, haben diese nur eine vage Vorstellung von dem, was der Verurtheilte zu erleiden hat. Die Mehrzahl der Bürger ist mit der inneren Einrichtung der Gefängnisse, mit der Ordnung, welcher sich die Sträflinge zu fügen haben, mit deren Beschäftigungen so gut wie unbekannt. Der Reactionstrieb des modernen Menschen, oder wenn man will, das moderne Rechtsbewusstsein fordert nur bestimmte Formen der Strafe, ohne sich um ihren Inhalt weiter zu kümmern; höchstens dass es verlangt, dass Schwere und Gemeinheit des Delicts durch härtere Formen der Freiheitsstrafe ausgezeichnet werden. Dadurch erlangt der Staat die Freiheit, den Strafinhalt zu präventiven Zwecken zu benützen, und wie vermöchte er es besser zu thun, als indem er Besserung des Verbrechers herbeizuführen trachtet?

Durch den Versuch der Besserung des Verbrechers sühnt der Staat gleichsam jene fingirte Collectivschuld, welche im Unrechte vorhanden ist, indem er es unternimmt, den schädlichen Einfluss der socialen Mächte, die bei der Bildung des Charakters und der That des Individuums sich geltend gemacht haben, wieder aufzuheben. Wären wir in unserem Wesen dem Menschheitsideale nahe, dann würden wir in dem fehlenden Bruder nur den zu unserer Höhe zu erhebenden Zurückgebliebenen sehen. So lange jedoch die Gesellschaft aus Menschen zusammengesetzt ist, die von unaustilgbaren Trieben und Leidenschaften beherrscht werden, welche in dem Bilde unserer idealisirten Natur keinen Platz mehr behaupten dürfen, so lange es mehr als zweifelhaft bleibt, ob uns Mittel zu Gebote stehen, eine innere Umwandlung der Charaktere herbeizuführen, so lange wird es unmöglich sein, die Besserung zum einzigen oder auch nur zum Hauptzweck der Strafe zu machen. Es ist bezeichnend, dass der Besserungszweck der Strafe stets von Solchen besonders betont wurde, welche leicht geneigt waren über dem idealen Menschen den real vorhandenen zu vergessen, so von Plato, der Kirche und in neuester Zeit von der Schule Krause's.

So reiht sich die Strafe auch unter jene Mittel ein, durch welche der Staat die sociale Erscheinung des Verbrechens bekämpft. Allein sie ist nach den Ausführungen des vorigen

Capitels weder das ausschliessliche noch auch das wirksamste Palliativ; wenn man das unendlich verworrene Treiben der motiveerzeugenden gesellschaftlichen Kräfte vor Augen hat, so sieht man leicht ein, wie gering der Einfluss einer jeden einzelnen socialen Thätigkeit ist, um ein Phänomen zu unterdrücken, welches seinen Ursprung der Wirkung fast aller socialer Mächte verdankt.

Noch eine Frage ist zu beantworten. Zu allen Zeiten hat man die Strafe als einen Act der Gerechtigkeit betrachtet. Was ist die Gerechtigkeit und welches Verhältniss zwischen ihr und der Strafe ergibt sich für die Socialethik?

Sittlichkeit und Recht haben den Zweck, eine Ordnung der socialen Molecule herbeizuführen und zu erhalten; sie scheiden aus der Unendlichkeit der möglichen menschlichen Handlungen eine Unzahl aus und gestatten oder gebieten diejenigen, welche die Lebens- und Entwickelungsbedingungen des socialen Collectivums erlauben oder fördern. Alle Ordnung beruht aber auf einem festen Verhältnisse der geordneten Theile; oder was dasselbe bedeutet, auf dem durch das Ganze bedingten Gleichgewichte der einzelnen Theile. Unsittlichkeit und Unrecht sind daher die durch die Glieder der Gesammtordnung selbst veranlassten Störungen dieses Gleichgewichtes: die auf Abhaltung und Ausgleichung solcher Störungen gerichtete bewusste Thätigkeit intelligenter Wesen ist die Gerechtigkeit.

Dieser Begriff der Gerechtigkeit liegt allen Vorstellungen zu Grunde, welche je über deren Wesen gehegt worden sind. Ob wir als Urheber der vorhandenen Ordnung Gott, eine weltschöpfende Idee, eine ursprüngliche Beziehung monadischer Wesen oder was immer sonst annehmen, stets fordern wir, dass die Ordnung erhalten bleibe, und fordern eine Thätigkeit des ordnenden Principes, welche auf Erhaltung der Ordnung gerichtet sei. Daher sieht man überall dort Gerechtigkeit walten, wo eine feste Ordnung vorausgesetzt wird, daher die Idee der poetischen und historischen Gerechtigkeit, daher der Glaube an die Gerechtigkeit Gottes als des Schöpfers und Erhalters einer sittlichen Weltordnung, daher das Dichterwort, welches „den kunstvollen Bau des Weltgebäudes" Gerechtigkeit nennt.

Zufolge der vorangegangenen Ausführungen ist es vollkommen klar, dass die Strafe ein Act der Gerechtigkeit ist, freilich nicht einer absoluten, sondern der socialen Gerechtigkeit. Und es ist ferner klar, dass die Strafe gerecht ist, trotz ihres historisch-wechselnden Inhaltes, ja sogar nur durch diesen. Denn die gesellschaftliche Ordnung ist keine invariable und deshalb sind auch die Störungen, die sie durch eine und dieselbe äussere Veranlassung zu verschiedenen Zeiten erleidet, von einander verschieden, daher muss die Ausgleichung, will sie nicht selbst wieder eine neue Störung hervorrufen, d. h. ungerecht sein, proportional sein der jeweiligen Störung. Nur eine starre, unbewegliche Ordnung fordert einen starren, unbeweglichen Inhalt des Gerechten.

Inhaltsverzeichniss.

[illegible] & COMP., WIEN, STADT, [illegible]

Druck von G. Gistel & Co., Wien, Stadt, Augustinerstrasse 12.

Printed in Dunstable, United Kingdom

91219482R00087